Ringe

Conrad H. Melan

Ringe

Mehr oder weniger magische Objekte im Osten,
in Mittelerde und am Rhein

Bibliografische Information der Deutschen Nationalbibliothek:
Die Deutsche Nationalbibliothek verzeichnet diese Publikation
in der Deutschen Nationalbibliografie; detaillierte bibliografische
Daten sind im Internet über http://dnb.dnb.de abrufbar.

© 2013 Conrad H. Melan
Umschlagbild: Daniela Henninger, www.dh-illustration.de
Satz, Umschlaggestaltung, Herstellung und Verlag:
BoD – Books on Demand

ISBN: 978-3-8482-6746-0

Inhalt

Ring frei, für welche Botschaft? — 7

Familientradition — 16

Ringe im Wettbewerb — 23

Ringkatastrophe oder Ringdämmerung — 27

Zwei Märchenwelten — 33

Mittelerde und Umgebung — 37

Saurons Ring — 40

Drei Elbenringe — 47

Mittelerde nach dem Ende der Ringe — 49

Der Rheingold-Ring — 53

Ein anderes magisches Objekt — 57

Götter, nur mäßig verehrt — 66

Nach der Götterdämmerung — 69

Der Letzte Ringkongress — 71

Abschied	75
Anhang	77
I. Besuch einer Ausstellung	78
II. Ringe vor Gericht	86
A. Der uralte Erbfall	86
B. Nachdenkliche Richter	94

Ring frei, für welche Botschaft?

Als Ring wird – so steht es im Brockhaus – normalerweise ein aus unterschiedlichstem, oft metallischem Material gefertigter kreisförmiger, in sich geschlossener Körper bezeichnet. Für Ringe größeren Umfangs kennt man auch den Ausdruck Reif. Ringe gibt es als technische Gegenstände, zum Beispiel Dichtringe, vor allem aber als Schmuckgegenstände. Diese können als Herrschafts- und Würdezeichen Bedeutung haben, aber auch magisch-religiöse Funktionen erfüllen.

In Sage und Märchen spielen Zauberringe eine bedeutende Rolle. Ihre übernatürliche Kraft steht innerhalb der Erzählung selbst zweifelsfrei fest, wenn wir es mit einem echten Märchen zu tun haben. Sie kann und darf nicht in Frage gestellt werden, solange man in der Märchenwelt gedanklich verweilt, das heißt, den dort geforderten Glauben an Übernatürliches aufrechterhält. Eine Erzählung, die diesen Glauben nicht fordert, genügt nicht den von J. R. R. Tolkien in dem Essay »On Fairy-stories« formulierten Anforderungen an ein echtes Märchen. Die Zauberringe, deren Kraft im Märchen nicht bezweifelt werden kann und darf, sind magische Ringe im engeren Sinne oder echte magische Ringe.

Sie sind zu unterscheiden von nicht nur in der Märchenwelt, sondern in der Realität vorkommenden Objekten, an deren übernatürliche Kräfte sehr viele glauben oder zeitweise geglaubt haben. Dass es solche Objekte – nicht notwendigerweise in Ringform – irgendwann gab oder noch gibt, wer wollte das bezweifeln? Für ihre Wirkungen bieten sich nicht immer vernünftige naturwissenschaftliche Erklärungen an. Vielleicht begründet eben der weit verbreitete Glaube an die Wirksamkeit in Verbindung mit anderen Faktoren eine als übernatürlich empfundene Kraft. Wir wollen sie in Ermangelung eines besseren Ausdrucks als im weitesten Sinne magisch oder kurz »quasimagisch« bezeichnen. Sie besteht nur vorläufig und geht verloren, wenn der Glaube daran untergeht.

Könnte nicht zum Beispiel Geld, dessen Wert von dem allgemein oder doch weit verbreiteten Glauben an seine Kaufkraft abhängt, auch heute noch als real existierender quasimagischer Gegenstand eingeordnet werden? Und können als übernatürlich empfundene Wirkungen, solange daran geglaubt wird, nicht auch von unkörperlichen Gegenständen ausgehen, etwa von manchen Gedankengebäuden, geistigen Kunstwerken oder Musik?

Zurück zu den Ringen: Mit »Lore of the Rings«, einem mit Ringkunde übersetzten Ausdruck, der bei Tolkien in »The Lord of the Rings« (deutsch: »Der Herr der Ringe«) vorkommt, war in Mittelerde anscheinend das Wissen gemeint, das Elben gegen Ende des Dritten Zeitalters über die im Zweiten Zeitalter, also vor Jahrtausenden, geschmiedeten Großen Ringe noch besaßen oder hochgelehrte Zauberer durch intensive Forschungsarbeit zusammengetragen hatten. Wir beschäftigen uns mit Ringkunde in einem etwas anderen Sinne.

Der Bericht über den großen Ringkrieg von Mittelerde verarbeitet ebenso wie Wagners »Ring des Nibelungen« eine uralte märchenhafte Überlieferung. Diese beiden großen Ringmärchen haben viel mehr gemeinsam als das

Motiv des von einem machtlüsternen Unhold geschmiedeten magischen Ringes, der unschädlich gemacht werden muss. Weit umfassender als die meisten Märchen behandeln sie offen oder verdeckt Probleme von Macht, Recht und Religion. Man kann viele Einzelheiten einander gegenüberstellen, an denen sich interessante Übereinstimmungen und tiefgreifende Unterschiede zeigen. Obwohl es Tolkien für seinen großen Roman im Vorwort bestritten hat, stellt sich die Frage, ob beide Märchen und die in ihnen vorkommenden magischen Objekte Träger von Botschaften sind und ob zwischen diesen eine wie auch immer geartete Beziehung besteht. Betrachten wir aber zunächst eine andere, allerdings weniger märchenhafte Erzählung über Ringe, in der es ganz offen um Recht, Macht und Religion geht: das von Boccaccio im »Dekameron« (Erster Tag, Dritte Geschichte) und von Lessing in dem Theaterstück »Nathan der Weise« (Dritter Aufzug, Siebenter Auftritt) überlieferte Gleichnis der drei Ringe.

Die beiden Versionen dieser als Ringparabel bekannten Erzählung stimmen nicht ganz überein.

Bei Boccaccio vermutet ein für seinen Reichtum und für seine Weisheit berühmter Kaufmann jüdischen Glaubens mit gutem Grund eine Falle, als er von seinem in Geldnot befindlichen Sultan, einem Moslem, aufgefordert wird, das aus der Sicht eines weisen Mannes richtige Religionsgesetz zu benennen. Um sich nicht durch die Antwort in der einen oder anderen Richtung zu kompromittieren und dafür zahlen zu müssen, erzählt er von drei Brüdern, die nach dem Tod ihres Vaters darum streiten, wer vom Vater den sogenannten echten Ring erhalten hat und dadurch gemäß einer in der Familie geltenden Tradition als Alleinerbe eingesetzt ist. Der Vater hat aber von dem echten Ring Duplikate anfertigen lassen und jedem seiner von ihm gleich geliebten Söhne einen von drei völlig gleich aussehenden Ringen gegeben. Der echte Ring lässt sich nicht identifizieren. Die Frage, wer des Vaters »echter Erbe« ist, bleibt unentschieden. Entsprechendes gilt, so der Erzähler des Gleichnisses, auch für die drei Religionsgesetze, die Gott drei Völkern gegeben hat.

Der Sultan lässt sich von dieser Antwort beeindrucken. Er verhält sich tolerant und vernünftig, nimmt gerne ein von dem Juden freiwillig angebotenes Darlehen in Anspruch und schließt mit ihm sogar Freundschaft.

Keinem der zum Nachweis des Erbrechts vorgelegten Schmuckstücke wird in dieser Version der Ringparabel irgendeine übernatürliche Eigenschaft nachgesagt. Von einem auch nur im weitesten Sinne magischen Objekt ist keine Rede. Die Geschichte ist zwar als Gleichnis erfunden, aber eigentlich kein Märchen. Die Annahme einer Beziehung zwischen ihr und Tolkiens Märchen über die Elbenringe erscheint auf den ersten Blick abwegig.

Den Überlegenheitsanspruch des Christentums tastet die Ringparabel im Dekameron nicht an. Die beiden vorher am Ersten Tag erzählten Geschichten enthalten eine Satire, die sich gegen die Geistlichkeit, aber nicht gegen die christliche Religion als solche richtet. So bekehrt sich in der Zweiten Geschichte ein weiser und hochanständiger Jude auf Drängen seines christlichen Freundes zum Christentum, erstaunlicherweise jedoch erst, nachdem er in Rom die Schlechtigkeit christlicher Würdenträger gründlich kennen gelernt hat. Sein Gedankengang: Eine Religion, die so etwas aushält und sich immer noch täglich weiter ausbreitet, muss unter dem ganz besonderen Schutz des Heiligen Geistes stehen und demnach die richtige sein. Lebensgefährliche Ironie sollte hier nicht unterstellt werden. Die gutkatholischen Christen, die vor der Pest an einen Ort in der Nähe von Florenz geflüchtet sind und sich die Zeit mit Geschichtenerzählen vertreiben, müssen weiterhin davon ausgehen können, dass sie die allein seligmachende Religion haben.

In Lessings Theaterstück beantwortet der Titelheld mit dem Gleichnis der drei Ringe ebenfalls die Frage des Sultans nach der aus der Sicht eines weisen Mannes richtigen Religion.

Es entsteht aber hier nicht der Eindruck, dass der Sultan dem Juden eine bösartige Falle gestellt hat, um ihm Geld abzunehmen. Die beiden führen ein ernsthaftes und ehrliches Gespräch über den Wahrheitsanspruch der Religionen und die aus seiner Unbeweisbarkeit zu ziehenden Folgerungen.

Der echte Ring soll in Nathans Gleichnis nicht nur, wie bei Boccaccio, den Alleinerben legitimieren. Ihm wird die Kraft nachgesagt, seinen Besitzer, der ihn in dieser Zuversicht trägt, vor Gott und den Menschen angenehm zu machen. Haben wir es mit einem Märchen zu tun? Ein von den drei Brüdern angerufener Richter zieht bei allen ihm vorgelegten Ringen die behauptete Kraft in Zweifel. Niemand kann ihm die wohltuende Wirkung eines der drei Objekte beweisen oder auch nur glaubhaft machen. Der Ring mit der geheimnisvollen Kraft ging vermutlich verloren. Vielleicht hat er auch nie existiert. Das sagt der Richter allerdings nicht laut. Für den Fall, dass die drei Brüder an die Echtheit ihres jeweiligen Ringes glauben und dies nach außen überzeugend vertreten wollen, empfiehlt er ihnen ein bestimmtes Wettbewerbsverhalten. Sie werden aber vor der Hoffnung gewarnt, dass die Echtheit vor dem Jüngsten Tag endgültig bewiesen werden kann. Deshalb und wegen ihres für sein eigenes Ringmärchen mit Nachdruck abgelehnten allegorischen Charakters hält Tolkien, wie wir annehmen müssen, die Ringparabel auch in Lessings bzw. Nathans Fassung nicht für ein echtes Märchen. Einer der drei Ringe mag in dem Sinne »echt« sein, dass er kein Duplikat ist, sondern der ursprünglich im Besitz des Erblassers befindliche Ring. Aber einen echten magischen Ring, dessen übernatürliche Kraft innerhalb der Erzählung außer Zweifel steht, sehen wir nicht.

Als Botschaft enthält diese Version der Ringparabel mehr als nur die kluge, nämlich unverfängliche Beantwortung einer schwierigen Frage. Das wird nicht nur durch das Gleichnis selbst, sondern vor allem durch die Rahmenhandlung deutlich. Es geht um den mit einem Machtstreben verbundenen Anspruch auf Alleinbesitz oder doch vorrangigen Besitz göttlich offenbarter Wahrheit, das Wettbewerbsverhalten der Religionen und die Einstellung ihrer Vertreter gegenüber Andersgläubigen, Ungläubigen und Ketzern.

Bei den konkret angesprochenen Religionsgemeinschaften interessiert man sich für die Ringparabel und ihre Botschaft anscheinend nicht übermäßig, trotz der von Vertretern aller drei Religionen abgegebenen Bekenntnisse zu Toleranz und Friedfertigkeit. Aber das soll uns nicht weiter kümmern.

Merkwürdige Erbfolgeregelungen sind in der juristischen Praxis nicht völlig unbekannt. Der juristisch interessante Rechtsfall hätte sich, so eigenartig er auch erscheint, rein theoretisch in der Realität oder in einer zwar erfundenen, aber nicht besonders märchenhaft aussehenden Welt zutragen können. Die Rahmenhandlung und sonstige Einzelheiten, durch die gleichnishaft drei ganz bestimmte monotheistische Religionen in ihrem Verhältnis zueinander vorgestellt werden, lassen sich ausklammern. Nehmen wir einmal an, dass nicht drei, sondern etwa nur zwei Geschwister um das Erbe streiten und die Hauptpersonen des Geschehens nicht alle männlichen Geschlechts sind.

Fehlt der Geschichte so der durch die Rahmenhandlung vorgegebene spezielle Gleichnischarakter, hat es Sinn zu fragen, wie sie nach einer Entscheidung des Gerichts über den Streit der Geschwister weitergeht. Wir wollen uns eine Fortsetzung vorstellen, durch die möglicherweise eine Verbindung zwischen der Ringtradition der Familie und dem Fundus erkennbar wird, der an Vorstellungen über Ringe und ihre Kraft an anderer Stelle märchenhaft überliefert ist. Ein überzeugendes Ergebnis dieses Versuchs kann nicht garantiert werden, auch kein hoher Unterhaltungswert. Wer das Vorhaben deshalb für sinn- und zwecklos hält, mag an dieser Stelle die Lektüre abbrechen.

Der folgende Text ist, das sollte bereits klar geworden sein, eine ringkundliche Erzählung, kein wissenschaftliches Werk. Ihm ein Literaturverzeichnis beizugeben oder ihn mit Fußnoten zu belasten, erschien unverhältnismäßig. Allerdings wird über die Tätigkeit sogenannter Ringforscher in einem unbekannten Land berichtet. Sie machen sich Gedanken über die Bedeutung von früher einmal existierenden Ringen für die Geschichte ihres Landes und betrachten in diesem Zusammenhang auch märchenhafte Überlieferung. Dabei entfalten sie so etwas wie wissenschaftlichen Ehrgeiz. Ihnen werden in unserer Erzählung, zugegebenermaßen ohne Quellenangabe, gelegentlich Erkenntnisse unterstellt, die man vielleicht schon in bekannter Literatur über Tolkien oder über Wagners »Ring« – zu Letzterem etwa bei G. B. Shaw, E. v. Pidde und H. Rosendorfer – hat finden können. Wer daran Anstoß nehmen will, mag bedenken, dass die vorliegende Arbeit nicht auf den Erwerb eines akademischen Grades auf dem Gebiet der Ringkunde oder Märchenkunde abzielt.

Eventuell unsachgemäßer und respektloser Umgang mit märchenhafter Überlieferung bleibt natürlich kritikwürdig. Er ist aber hoffentlich nicht in einem Umfang festzustellen, den vernünftige Leser nicht verzeihen können.

Vorsorglich nur noch diese kleinen Hinweise:

Für Namen aus »The Lord of the Rings« wird die im Klett-Cotta-Verlag erschienene deutsche Übersetzung benutzt.

Das im folgenden Kapitel vorkommende Sieben-Zeugen-Testament entsprach in förmlicher Hinsicht den

Rechtsbräuchen der Hobbits. Auenlandkenner wissen das.

Die Ringe, um deren Echtheit gestritten wurde, dürften ursprünglich in einem Land im Osten existiert haben. Das entnehmen wir dem Anfang der Erzählung Nathans in Lessings Theaterstück.

Familientradition

Eine alte Dame, die vor grauen Jahren in einem weit entfernten östlichen Land lebte, hatte einen Sohn und eine Tochter aus erster Ehe. Von ihrem zweiten Ehemann lebte sie zuletzt getrennt. Möglicherweise wollte sie sich von ihm scheiden lassen. Aber während einer Auslandsreise erkrankte sie und verstarb in einer kleinen Stadt im Westland. Kurz vor ihrem Tod ließ sie in der dort gebräuchlichen Form ein Testament beurkunden. In der Landessprache, die sie vollkommen beherrschte, schrieb der Bürgermeister des Ortes ihren in einem einzigen Satz formulierten letzten Willen nieder. Er fügte das Datum und die Ortsangabe hinzu und vermerkte, sie habe die Erklärung vor insgesamt sieben Zeugen, darunter ihm selbst, mündlich abgegeben. Die Erblasserin, der Bürgermeister als Schreiber und die anderen Zeugen unterzeichneten die Urkunde. Für die Unterschriften benutzte man rote Tinte.

Die so beurkundete Erklärung lautete: »Erbe ist dasjenige meiner beiden Kinder, das von mir den echten Ring erhalten hat.«

Das Testament wurde dem Nachlassgericht des Heimatortes der Erblasserin zugeleitet. Sowohl der Sohn als auch die Tochter beantragte ein gerichtliches Zeugnis über das alleinige Erbrecht. Beide legten einen Ring mit der Behauptung vor, ihn von der Mutter, wie es eine Familientradition vorsah, als künftiger Erbe erhalten zu haben. Der sogenannte echte Ring sollte die Kraft besitzen, denjenigen, der ihn in dieser Zuversicht trug, vor Gott und den Menschen angenehm zu machen. Der überlebende zweite Ehemann der Erblasserin machte geltend, er sei wegen totaler Unwirksamkeit des Testamentes Miterbe kraft Gesetzes, und beantragte einen entsprechenden Erbschein.

Wie sich herausstellte, hatte die Erblasserin ein Duplikat des in ihrem Besitz befindlichen Originalrings anfertigen lassen. Kurz vor ihrem Tod hatte sie jedem Kind einen Ring gegeben.

Es wurde umfangreich Beweis erhoben, unter anderem durch Vernehmung der Testamentszeugen.

Der Nachlassrichter entschied, die Erblasserin habe ihren Ehemann wirksam enterbt. Er konnte aber den angeblich einzigen echten Ring und damit einen Alleinerben nicht identifizieren. Die einander widersprechenden Erbscheinsanträge der Geschwister wies er deshalb ebenfalls zurück und führte aus, in ihrem Verhältnis zueinander müsse es bei der gesetzlichen Erbfolge bleiben. Auf entsprechenden Antrag könnten sie einen Erbschein dahingehend erhalten, dass sie Miterben je zur Hälfte seien.

Die Kinder der Erblasserin akzeptierten nach einigem Hin und Her diese Entscheidung. Sie teilten sich den Nachlass und verständigten sich mit dem Stiefvater über dessen Abfindung. Die anlässlich des Erbfalls entstandene Feindschaft in der Familie ließ nach.

Die Ringtradition der Familie war durch den Ausgang des Erbschaftsstreites aber nicht völlig erledigt. Manche Nachkommen hielten an ihr, jeweils bezogen auf den eigenen zur Weitergabe bestimmten Ring, bei der Regelung ihrer Erbfolge grundsätzlich fest. Einige verfuhren, wenn sie von ihr nicht offen abweichen wollten, ebenso wie die Erblasserin. Nach und nach kursierten dadurch in der weit verzweigten Familie viele weitere Ringe. Ihre Vervielfältigung stellte sich als nicht so schwierig und kostspielig heraus, wie man ursprünglich angenommen hatte. Die Ringe sahen ziemlich bald auch nicht mehr alle gleich aus. Bei Familientreffen ließen sich dadurch Anwesende den verschiedenen Stämmen auf den ersten Blick zuordnen. Der ideelle Wert der sogenannten Familienringe wurde unabhängig davon, ob man an ihre wunderbare Kraft noch glaubte, im Allgemeinen höher eingeschätzt als der materielle Wert.

Sicherlich gab es unter den zahlreichen Nachkommen der alten Dame auch Streitigkeiten, und nicht alle Erbfälle sollen völlig friedlich geregelt worden sein. Aber es wird nicht berichtet, dass von den Ringträgern der Familie noch einmal jemand versuchte, einen Erbschein mit der Begründung zu erstreiten, sein Ring sei der einzige echte Ring im Sinne der Familientradition.

Immerhin soll die Hoffnung, einen echten Ring mit wunderbarer wohltätiger Kraft zu besitzen, bei manchen zur Familie gehörigen Personen auch in späteren Generationen noch bestanden haben. Sie war aber meistens mit einem Schuss Skepsis oder wenigstens mit dem Bewusstsein verbunden, dass die Echtheit endgültig unbeweisbar blieb.

Merkwürdig erscheint die folgende Anekdote:

Ein Ringträger wollte unbedingt wissen, ob er auf die Echtheit seines Ringes vertrauen könne. Ihm kam zu

Ohren, auf einer abgelegenen und nur wenig bekannten kleinen Insel im östlichen Ozean gebe es Personen, die in der Lage und vielleicht auch willens seien, ihm eine für seinen Seelenfrieden nützliche Auskunft darüber zu erteilen. Er buchte eine Schiffsreise zu dieser Insel.

Nach der Ankunft teilte ihm das dortige Fremdenverkehrsamt mit, er dürfe kurzfristig das nicht allgemein und nicht jederzeit zugängliche Dorf der Ringkundigen aufsuchen. Eine Auskunft in seiner Angelegenheit könne er aber nur dadurch erhalten, dass ein Bewohner ihn anspreche und ihm gegenüber eine einzige Aussage mache. Danach bzw. spätestens nach zwei Stunden müsse er, ohne dass ein weiterer Kontakt mit einem Dorfbewohner noch möglich sei, den Ort unverzüglich wieder verlassen. Wenn sein Ring echt sei, werde die Aussage des Dorfbewohners wahr sein, anderenfalls falsch.

Der Ringträger begab sich so bald wie möglich in das Dorf. Kurz vor dem Ende der Zweistundenfrist war ein Bewohner so freundlich, ihn anzusprechen. Er tat es mit den Worten: »Sie wissen nicht und werden auch niemals wissen, dass der jetzt in Ihrem Besitz befindliche Ring echt ist.«

Es heißt, dass der Ringträger den Rest des Aufenthaltes nicht sehr genoss, weil er sich fragte, ob die teure und anstrengende Reise sinnvoll gewesen war. Nach Rückkehr suchte er einen Rechtsanwalt auf. Er wollte wissen, ob man den Reiseveranstalter wegen unrichtiger Angaben über ringkundige Personen auf der betreffenden Insel und über bestimmte Ringregeln haftbar machen könne. Er sei von der Existenz der Ringkundigen und von der Geltung der ihm mitgeteilten Regeln fest überzeugt gewesen. Damit habe er auch geglaubt, die Beantwortung der Frage, ob sein Ring echt sei, hänge davon ab, ob eine ringkundige Person ihm gegenüber eine wahre oder eine falsche Aussage mache. Davon ausgehend halte er das, was ihm der Inselbewohner über seine gegenwärtige und künftige Unkenntnis von der Echtheit oder Unechtheit seines Ringes mitgeteilt habe, für paradox. Falsch könne die betreffende Aussage bei Geltung der Regeln nicht sein. Eine falsche Aussage habe nach ihnen nur gemacht werden können, wenn sein Ring tatsächlich nicht echt sei. Unter dieser zuletzt genannten Voraussetzung sei die Aussage nicht falsch, denn Kenntnis von der Echtheit des in seinem Besitz befindlichen Ringes habe er dann selbstverständlich nicht und könne er auch in Zukunft niemals haben. Gehe er aus diesem Grunde von der Richtigkeit der Aussage aus, müsse er nach den Ringregeln daraus den Schluss ziehen, dass sein Ring tatsächlich echt sei. Diese Schlussfolgerung begründe positive Kenntnis von der Echtheit des Ringes. Das führe aber wiederum zu dem bereits als unmöglich dargelegten Ergebnis, dass die Aussage eben doch nicht wahr, sondern falsch gewesen sein müsse.

Nach eingehender Beratung ließ unser Ringträger es nicht auf einen Rechtsstreit ankommen. Der Reiseveranstalter hatte ausdrücklich keine Gewähr dafür übernommen, dass mit einem Aufenthalt auf der Insel der von einem Reisenden etwa verfolgte Zweck einer Anfrage in Ringangelegenheiten erreicht werde. Bei genauer Durchsicht des Prospektes, den der Reisende vor Reiseantritt nicht vollständig gelesen hatte, wurde ein entsprechender Hinweis entdeckt.

Jedoch soll noch eine andere Überlegung eine Rolle gespielt haben. Gerade aus der bei dem Reisenden inzwischen eingetretenen Ungewissheit über die Geltung der Ringregeln hätte nämlich, solange er nicht etwa auf andere Weise sichere Kenntnis von der Echtheit oder Unechtheit seines Ringes erlangte, hergeleitet werden können, dass diese Regeln trotz ihrer Unbeweisbarkeit möglicherweise galten und die Aussage des Inselbewohners in Übereinstimmung mit ihnen gemacht worden war. Also war die Unrichtigkeit von Zusicherungen des Reiseveranstalters ebenso wenig zu beweisen wie ein unserem Reisenden dadurch entstandener Schaden.

Man könnte den Eindruck haben, dass dies alles in Anlehnung an ein Logikproblem aus einem Rätselbuch erfunden wurde.

Eine andere Geschichte verdient vielleicht etwas mehr Glauben:

Irgendwann führte ein Nachfahre der Erblasserin aus geschäftlichen Gründen (er war Kaufmann) in einem Land im Südosten Verhandlungen mit Regierungsvertretern. Bei dieser Gelegenheit wurde er in ein Gespräch über dort miteinander konkurrierende Religionen und Religionsgemeinschaften verwickelt. Man bat ihn als Außenstehenden, dem der Ruf besonderen Scharfsinns vorausging, um ein vernünftig begründetes Urteil darüber, welche Religion den Vorzug vor den anderen verdiene. Ihm kam der Gedanke, von den Familienringen und dem Gerichtsverfahren zur Bestimmung der Erbfolge zu erzählen. Damit machte er deutlich, dass und weshalb er eine ihm nach seinem Eindruck eher scherzhaft angetragene Schiedsrichterrolle in religiösen Streitigkeiten nicht übernehmen konnte. Die Zuhörer gaben sich damit zufrieden.

Ringe im Wettbewerb

Viel später, zu einer Zeit, als von dem merkwürdigen Testament der alten Dame nur noch wenige etwas wussten, kam es in der Stadt, in der sie gelebt hatte, vor einer Zivilkammer des dortigen Landgerichts zu einem Wettbewerbsprozess zwischen zwei sogenannten Ringfirmen.

Jede Partei behauptete, nur von ihr selbst und mit ihr verbundenen Unternehmen würden vollkommen echte Ringe mit großer wohltätiger Kraft verbreitet, nämlich authentische Ableger eines vor sehr langer Zeit im Ausland hergestellten Originalringes. Die Gegenpartei bringe unechte Ringe in den Verkehr und behindere rechtswidrig die Verbreitung der echten Ringe. Die echten Objekte hätten bei rechtem Gebrauch günstige Wirkung auf ihre in Ringgemeinschaften zusammengeschlossenen Träger. Sie förderten besonders deren Fähigkeit zu einem vertrauensvollen, friedfertigen und menschenfreundlichen Umgang miteinander und mit anderen Personen.

Die Echtheitsfrage ließ sich, so der in einem späten Stadium des Verfahrens aufgezeichnete Eindruck des Gerichts, nicht eindeutig beantworten. Aus beiderseits vorgelegtem Schriftgut über den Originalring, der von einer längst untergegangenen oder auf geheimnisvolle Weise entrückten Insel stammen sollte, ergab sich kein brauchbarer Urkundenbeweis. Die Zeugenaussagen über Wirkungen der Ringe waren sehr unterschiedlich.

Ein vom Gericht beauftragter Sachverständiger meinte, möglicherweise habe der nicht auffindbare ausländische

Unternehmer, wenn es ihn überhaupt gegeben habe, nicht nur einen einzigen, sondern mehrere Aufträge zur Herstellung und Verbreitung von Ringen erteilt. Letztlich sei aber nicht zu klären, ob echte Ringe mit der ihnen zugeschriebenen Eigenschaft überhaupt existierten. Die von zahlreichen Personen bestätigten günstigen Wirkungen könnten auch auf einem sich selbst erfüllenden Glauben beruhen.

Man könne die umstrittenen Objekte als etwas Ähnliches wie Heilmittel betrachten, die vor allem in der Gemeinschaft und durch die Gemeinschaft der Ringträger wirkten. Leider würden sie manchmal zur Durchsetzung von Machtansprüchen und materiellen Interessen missbraucht. Es gebe Personen, die im Verhältnis zwischen verschiedenen Ringgemeinschaften und zu anderen Gruppen Verachtung, Misstrauen, Angst und Hass schürten. Die Verteidigung des Echtheitsanspruchs werde dabei vorgeschützt. Als Ursache der mit wohltätiger Wirkung unvereinbaren Konflikte seien aber nicht nur Anwendungsfehler der Ringträger zu erwägen, sondern auch ungünstige Nebenwirkungen der mit Heilmitteln vergleichbaren Objekte. Der von den Prozessparteien und auch anderen Ringfirmen vertretene absolute Echtheitsanspruch sei besonders problematisch. Die Forderung, die Echtheit bestimmter Ringe als zweifelsfrei feststehend und jeder Kritik entzogen anzuerkennen, beeinträchtige anscheinend die Fähigkeit zum respektvollen und vertrauensvollen Umgang mit sogenannten Falschberingten und Unberingten. Zudem sei unklar, ob wohltätig wirkende und deshalb als echt anerkannte Ringe diese Eigenschaft von Anfang an und für alle

Zeiten hätten. Anscheinend finde gegenseitige Beeinflussung bei Ringen verschiedener Herkunft statt. Neuerdings würden in wachsender Zahl auch sogenannte Ringe der Macht verbreitet. Diesen sage man ganz andere Eigenschaften nach als diejenige, friedfertiges und menschenfreundliches Verhalten ihrer Träger zu fördern. Das Schüren von Feindschaft im Verhältnis zu Gruppen, die man aus welchen Gründen auch immer bekämpfen, unterdrücken oder sogar vernichten wolle, sei dort eine mit der Herstellung und Verbreitung bezweckte Hauptwirkung. Möglicherweise verhielten sie sich zu den Ringen mit in der Hauptsache wohltätiger Wirkung ähnlich wie schädliche Drogen zu Heilmitteln.

Die Ringgemeinschaften waren keine Religionsgemeinschaften. In der Werbung der Ringfirmen war weder von Gott die Rede noch davon, dass die Ringe ihre Träger angenehm vor Gott machten. Ringfirmen und Ringgemeinschaften verhielten sich gegenüber den bestehenden Religionsgemeinschaften grundsätzlich neutral. Das Gleiche galt umgekehrt. Allerdings hatte ein Theologe angeblich einmal geäußert, Ringträger könnten sich keineswegs auf Gott oder Religion berufen, um aggressives Verhalten gegenüber Falschberingten und Unberingten sowie Strafmaßnahmen für den Fall des Ringverzichts oder des Ringwechsels zu rechtfertigen. Wenn Religionsfreiheit gefordert werde, wofür er volles Verständnis habe, müsse man auch für uneingeschränkte Ringfreiheit und gleichberechtigten, fairen Wettbewerb derjenigen Ringe eintreten, die erklärtermaßen zur Förderung friedfertigen und menschenfreundlichen Verhaltens verbreitet würden.

Ob der Rechtsstreit letztlich durch Urteil, Vergleich oder auf andere Weise beendet wurde, ist nicht bekannt. Schriftstücke, durch die dieser Prozess, das viel ältere Verfahren um das Erbe der alten Dame und die Geschichte der Familienringe der Vergessenheit entrissen wurden, entdeckte jemand erst viel später. Darauf wird noch einzugehen sein.

Ringkatastrophe oder Ringdämmerung

Einige Jahre nach dem Wettbewerbsprozess der Ringe begann die schrecklichste und schändlichste Epoche in der Geschichte des betreffenden Landes. Tyrannen, die dort in der Zwischenzeit an die Macht gelangt waren, überzogen den Kontinent mit einem grausam geführten und auf Völkermord abzielenden Eroberungskrieg. Er endete mit einer totalen Niederlage und dem Sturz des Regimes. Das Land lag völlig verwüstet da. Manche Ereignisse aus damaliger Zeit blieben unzureichend dokumentiert. Der Kampf um das Überleben und der Wiederaufbau hatten erst einmal Vorrang. Die Neigung, die schlimme Vergangenheit zu verdrängen, behinderte ihre systematische Erfassung und Aufarbeitung.

Eine unklare Überlieferung betraf das Verschwinden von Ringen, die fast alle Einwohner zur Zeit der Gewaltherrschaft besessen hatten. Man war zunächst abgeneigt, darüber sehr viel nachzudenken. »Ring« war, nebenbei bemerkt, auch eine Bezeichnung des früheren Geldes gewesen. Es hatte durch eine zum Zusammenbruch des Wirtschafts- und Währungssystems führende Inflation seinen Wert verloren und war nach dem Krieg durch eine anders bezeichnete Währung ersetzt worden.

Irgendwann in der Nachkriegszeit erschien »Der Herr der Ringe« in Übersetzung. Der ausländische Verfasser bestritt, einen realen Krieg geschildert zu haben. Dennoch fragten sich einige, ob und in welchem Umfang der Märchenroman auf historische Ereignisse anspielte.

Das führte zur vorübergehenden Blüte der Ringkunde. Ihre als Ringforscher bezeichneten Vertreter meinten, zur Bewältigung der schlimmen Vergangenheit müsse endlich einmal darüber nachgedacht werden, ob ein vage als »Ringkatastrophe« oder »Ringdämmerung« bezeichneter Vorgang etwas mehr als nur eine Währungskatastrophe gewesen sei.

Dem stand nicht entgegen, dass die Ringforscher auf ihrem als Teilbereich der Märchenkunde betrachteten Gebiet vor allem an der Untersuchung und Klassifizierung echter magischer Ringe interessiert waren. Die Vorstellung, dass Märchen und Sagen, wenn man sie an den richtigen Stellen wie Tatsachenberichte liest, auch bei der Erklärung unklarer realer Vorgänge helfen können, war ihnen nicht fremd.

Bei der Auswertung einschlägiger Texte aus der Vorkriegszeit sahen sich die Ringforscher dem Problem der mangelhaften und mehr oder weniger fragwürdigen Quellenlage gegenüber. Die Ringkunde litt darunter stärker als die Märchenforschung im Allgemeinen. Dieser Umstand hatte, so eine verbreitete Vermutung, etwas mit dem Forschungsgegenstand zu tun.

Die Machthaber, die das Land während des letzten großen Krieges diktatorisch regierten, hatten sich mit Hilfe eines furchterregenden Polizeiapparates bemüht, alle Literatur aufzuspüren und zu vernichten, deren Inhalt ihnen missfiel. Die Erinnerung an verbotene und verfolgte Autoren wurde systematisch unterdrückt. Nicht selten blieben Texte nur in Abschriften erhalten, in denen der Verfasser nicht genannt war. Ältere Literatur über magische Ringe war davon ganz besonders betroffen.

Der erst in der Nachkriegszeit in Übersetzung bekannt gewordene Roman Tolkiens blieb für die Ringforscher die wichtigste märchenhafte Quelle, trotz der ausdrücklichen Erklärung des Autors, er habe keinen bestimmten Krieg beschreiben wollen, der in jüngerer Zeit geführt worden sei.

An einer vielfach als peinlich empfundenen Tatsache kam man nicht vorbei:

Die verloren gegangenen Ringe waren nicht einfach Geld. Das für den historischen Krieg verantwortliche Regime hatte Objekte in Ringform als Abzeichen an Parteigänger ausgegeben und zuletzt vielen Untertanen auch aufgedrängt. Mit dem Zusammenbruch der Diktatur verschwanden sie bzw. wurden zumindest nicht mehr offen getragen.

Die Neigung ehemaliger Ringträger, näher zu erklären, welche Bedeutung die Ringe im Allgemeinen und speziell für sie selbst gehabt hatten, war nicht groß. Übereinstimmung bestand dahingehend, dass die Machthaber die gesamte Bevölkerung und speziell die Ringträger sehr wirksam unterdrückt und überwacht hatten. Angeblich hatte die Ausgabe der Ringe bei vielen Empfängern das Gefühl erzeugt oder wenigstens verstärkt, dass sie ständiger Kontrolle unterlagen. Manche konnten sich die unheimlich wirksame Überwachung durch die Geheimpolizei nicht rational erklären, brachten sie aber mit den Ringen in Verbindung. Wie es hieß, war dadurch bei zum Aberglauben neigenden Menschen sogar die von der Regierung geförderte Vorstellung entstanden, es seien magische Objekte.

Wäre moderne Mobilfunktechnik, die tatsächlich über große Entfernungen eine unglaublich wirksame Überwachung und Ausforschung ermöglicht, schon damals bekannt gewesen und eingesetzt worden, hätte man der Beschreibung der bösartig wirkenden bzw. von Sauron missbrauchten magischen Objekte in Tolkiens Roman eine märchenhafte Anspielung darauf entnehmen können. Tolkien, zu dessen Lebzeiten diese Technik noch nicht so weit entwickelt war, ist offenbar nicht ganz umsonst auch für Leistungen auf dem Gebiet der Science-Fiction ausgezeichnet worden. Sauron setzt so etwas wie magische Mobilfunktechnik zur Ausspähung, Verfolgung und Einschüchterung seiner Opfer ein. Die Ringe der in seinem Dienst stehenden Ringgeister und der irgendwann von ihm erbeutete Palantir (der Ausdruck bedeutet »Fernseher«) sind, wie es scheint, miteinander und mit dem sogenannten herrschenden Ring vernetzt. Die Zerstörung des Letzteren hat zur Folge, dass dieses Netzwerk zusammenbricht und Saurons Macht untergeht.

Der Palantir, ein nicht ringförmiges, aber echtes magisches Objekt, verdient besondere Beachtung. Es gibt gegen Ende des Dritten Zeitalters in Mittelerde nur noch wenige dieser Geräte, die ein genialer Erfinder in uralter Zeit hergestellt hat. Ihre Benutzer können weit entfernte Vorgänge in Augenschein nehmen. Sie können auch miteinander über große Entfernungen in Verbindung treten. Sauron ist dadurch in der Lage, Macht über unvorsichtige Anwender zu gewinnen, die diese Magie weniger beherrschen als er selbst, oder sie wenigstens einzuschüchtern und zu täuschen. Extrem gefürchtet ist das böse Auge Saurons. Der Hobbit Frodo Beutlin, der den in seinen Besitz gelangten herrschenden Ring im Feuer des Schicksalsberges vernichten soll, wird ausdrücklich davor gewarnt, ihn an den Finger zu stecken und dadurch zu aktivieren. Wenn er es tut, läuft er Gefahr, von dem Feind geortet zu werden. Selbst von dem nicht aktivierten Ring gehen schwache und für die Ringgeister in nicht allzu großer Entfernung spürbare Signale aus.

Manche Ringforscher fanden eine ähnliche Deutung des Phänomens der während der Diktatur in ihrem Land verbreiteten Ringe zumindest erwägenswert. Andere hielten dem entgegen, es spreche nun einmal nichts dafür, dass damals bereits eine äußerst fortschrittliche Technologie existiert habe, die geheim gehalten worden und am Ende des Krieges verloren gegangen sein müsse. Bei nüchterner Betrachtung sei trotz der verbreiteten und berechtigten Angst vor der Geheimpolizei auch unwahrscheinlich, dass eine nennenswerte Zahl von Personen an die Existenz magischer Objekte mit vergleichbaren Kräften geglaubt habe.

Ein weiteres Bedenken ergab sich daraus, dass die von Sauron missbrauchte Magie zur Ausspähung, Verfolgung und Einschüchterung zwar ein höchst wirkungsvoll gestaltetes, aber nicht völlig neues Märchenmotiv ist. Als Werk eines unbekannten Verfassers war auch das Märchen vom »Ring des Nibelungen« erhalten geblieben. Man bezeichnete es kurz als »Rheingold-Märchen«. Dort kommt ebenfalls ein nicht ringförmiges magisches Objekt vor, das einem Tyrannen, nämlich Alberich, dazu dient, die von ihm mit Hilfe eines mächtigen magischen

Ringes unterworfenen und zur Sklavenarbeit gezwungenen Schwarzalben unsichtbar zu überwachen und dadurch in ständiger Angst zu halten: der Tarnhelm.

Zwei Märchenwelten

Ebenso wie den Kontinent Mittelerde kannten die Ringforscher das Land des Rheingold-Ringes nur aus dem Märchen. Sein Name kommt in dem Märchentext nicht vor, aber zu Ehren des dort fließenden mächtigen Stroms, der für die Handlung des Märchens mindestens ebenso große Bedeutung besitzt wie der Fluss Anduin für die Handlung von Tolkiens Roman, benutzten Ring- und Märchenforscher die Bezeichnung Rheinland.

Manche Ähnlichkeiten zwischen dem »Rheingold-Märchen« und Tolkiens Roman fallen sofort ins Auge. In beiden Märchenwelten gibt es Sterbliche und Unsterbliche. Unsterblichkeit bedeutet im Allgemeinen, dass die Lebenserwartung nicht durch einen Alterungsprozess natürlich begrenzt ist. Die Möglichkeit eines unnatürlichen Todes bleibt meistens bestehen, auch wenn es offenbar schwierig ist, jemanden wie Sauron und seine Ringgeister zu töten.

Wotan und die anderen Lichtalben (Götter), Alberich und die anderen Schwarzalben (Zwerge des Rheinlandes, auch Nibelungen genannt, nicht zu verwechseln mit den Zwergen von Mittelerde), Siegfried und Brünnhilde sind in der Welt des »Rheingold-Märchens« ungefähr in Positionen zu finden, die in Tolkiens Mittelerde Elrond und die Elben, Sauron und die Orks, Aragorn und Arwen einnehmen. Wotan ist das Oberhaupt der Lichtalben, Elrond ein Elbenfürst. Beide setzen sich, Elrond von Anfang an, Wotan erst nach einigem Zögern, für die Unschädlichmachung des bösen Ringes ein. Sie wissen, dass sie dafür Machtverlust in Kauf nehmen müssen. Beide haben eine Tochter (Brünnhilde bzw. Arwen), die einen sterblichen Helden (Siegfried bzw. Aragorn) liebt und die eigene Unsterblichkeit einbüßt. Beide Väter empfinden das als Verlust, den sie nicht ohne Kummer, im Falle Wotans auch nicht widerstandslos, hinnehmen. Für die beiden Helden wird ein zertrümmertes Schwert des Vaters bzw. Vorfahren neu geschmiedet. Alberich benutzt für seine finsteren Pläne die von ihm unterworfenen Schwarzalben, Sauron die Orks.

Der Götterdämmerung als Zäsur in der Geschichte des Rheinlandes lässt sich der Abschied der Elben gegenüberstellen, der für Mittelerde ebenfalls einschneidende Bedeutung hat.

Trotzdem unterscheiden sich die beiden Märchen sehr stark voneinander. Das ist immer wieder mit Nachdruck hervorgehoben worden. Zu dem großen Ringkrieg von Mittelerde, in dem kleine Leute, nämlich die Hobbits, als Helden in Erscheinung treten, gibt es im Rheinland kein vergleichbares Geschehen. Bei näherer Betrachtung besteht auch keine große Ähnlichkeit zwischen den oben einander gegenübergestellten Personen.

Will man weitere interessante Übereinstimmungen und Unterschiede zwischen beiden Märchen entdecken, kommen für Gegenüberstellungen beispielsweise noch in Betracht:

die für den Gang der Handlung wichtigsten Ringträger, nämlich Siegfried, auch als Zerstörer von Wotans Speer, und der ganz anders geartete Held Frodo, auch als Verursacher des Untergangs der Elbenringe,

Hagen und Gollum (alias Sméagol), die durch Mord bzw. Mordversuch erhebliche verbrecherische Energie entfalten, trotzdem ungewollt einen Beitrag zur Unschädlichmachung des jeweiligen bösen Ringes leisten und bei dem letzten verzweifelten Versuch, das Objekt für sich selbst zu gewinnen, ums Leben kommen,

Fafner und (noch einmal) Gollum, zwei ziemlich unsympathische Gesellen, die aber als langjährige Ringbesitzer kein Interesse an Welteroberung zeigen,

Siegfried (noch einmal) und der erstaunliche Held Sam Gamdschie (für kurze Zeit ebenfalls Ringträger), beide als Bezwinger eines Ungeheuers,

die Gibichungen (Gunther und Gutrune) und das Haus Eorl (Éomer und Éowyn) in ihren Beziehungen zu Siegfried bzw. Aragorn,

die Unheilstifter Hagen (bei den Gibichungen) und Schlangenzunge (im Haus Eorl),

Mime und Saruman als erfolglose Konkurrenten Alberichs bzw. Saurons.

Vielleicht kann man sogar Wotan und Gandalf einander gegenüberstellen, als mit übernatürlicher Autorität handelnde Personen, die in unterschiedlicher Weise das jeweilige Gesamtgeschehen steuern oder zu steuern versuchen.

Ein wichtiger und vielleicht sogar entscheidender Unterschied betrifft die Religion im Hintergrund der jeweiligen Handlung, obwohl das Wort in den Texten überhaupt nicht vorkommt.

Wer an einem erschöpfenden und in die Tiefe gehenden Märchenvergleich interessiert ist, dem muss empfohlen werden, die Märchen insgesamt sorgfältig zu lesen, die Spezialliteratur zu Rate zu ziehen und sich eventuell an seinen örtlichen Tolkien-Verein oder Rheingold-Klub zu wenden.

Man kommt bei Untersuchung der in beiden Märchen vorkommenden magischen Objekte aber nicht umhin, wenigstens einen flüchtigen vergleichenden Blick auf Personen und Ereignisse in Mittelerde und im Rheinland zu werfen. Wir wollen den Ringforschern ein Stück weit dabei folgen, auch wenn wenig Hoffnung besteht, dadurch eine gemeinsame Botschaft der Märchen und der in ihnen vorkommenden Ringe zu entdecken.

Mittelerde und Umgebung

Die in »Der Herr der Ringe« beschriebenen Ereignisse in Mittelerde sind untrennbar verbunden mit Mythen, die Tolkien unter dem Titel »Das Silmarillion« zusammengestellt hat. Sie haben weitgehend religiöse Überlieferung zum Inhalt, berichten über das Schicksal von Elben und Menschen in uralter Zeit und sollen von Elben an Menschen weitergegeben worden sein. Hier nur das Notwendigste davon:

Die von Elrond und Galadriel angeführten Elben sind ebenso wie ihr Hauptverbündeter, der Zauberer Gandalf, und ihre Feinde Sauron und Saruman unsterblich. Sie sind keine Götter, auch wenn sie den Menschen in vieler Hinsicht überlegen sind.

In Mittelerde leben Elben in nach menschlichen Maßstäben unermesslichen Zeiträumen. Aber viele von ihnen haben Mittelerde schon vor dem Erscheinen der Menschen verlassen. Sie wohnen in einem nur mit Elbenschiffen erreichbaren Land. Mit der Zeit folgen ihnen auch die in Mittelerde verbliebenen oder dorthin zurückgekehrten Elben in diese ewige Heimat, die dem Land der Valar benachbart ist.

Die Valar haben große Ähnlichkeit mit Göttern und werden von den Menschen oft als solche bezeichnet. Aber die Welt ist von einem einzigen Gott namens Ilúvatar oder Eru erschaffen worden. Zusammen mit ihrem Gefolge, den Maiar, gehören die Valar zu einer als Ainur bezeichneten Klasse übernatürlicher Wesen, den ersten Geschöpfen Ilúvatars. In seinem Auftrag, zum Teil aber auch in Rebellion gegen ihn und im Kampf gegeneinander wirken sie an der Gestaltung der erschaffenen Welt und ihrer Geschichte mit. In einer monotheistischen Religion könnte man sie als Engel betrachten.

Einer der ursprünglich mächtigsten Valar, nämlich Melkor, später Morgoth genannt, zählt nicht mehr zu ihrer Gemeinschaft. Er ist das erste und schlimmste Beispiel eines gefallenen Engels. Die Orks, die anders als die Schwarzalben des Rheinlandes nur als böses und abscheuliches Volk in Erscheinung treten, hat er vor Urzeiten aus von ihm geraubten Elben gezüchtet.

In Mittelerde werden Elben und mit ihnen verbündete Menschen während des Ersten Zeitalters von Morgoth bekriegt und fast vernichtet, bevor ihn eine von den Valar entsandte Streitmacht überwältigt.

Sauron, Saruman und Gandalf gehören den Maiar an, also den Ainur der unteren Rangklasse. Von diesen zeigen sich noch im Dritten Zeitalter und speziell während des Großen Ringkrieges einige sichtbar in Mittelerde, wenn auch nicht immer als Wesen übernatürlicher Herkunft erkannt. Gandalf, ein Abgesandter der Valar, ist offenbar ein guter Engel. Saruman war dies anscheinend früher auch, er verkörpert aber zuletzt einen gefallenen Engel. Sauron ist ein besonders böser Dämon, nämlich zuerst der wichtigste Gehilfe und im Zweiten und Dritten Zeitalter der Nachfolger von Morgoth. Als Herrscher des Landes Mordor versucht er wiederholt, Mittelerde vollständig zu erobern und Elben, Elbenfreunde und Anhänger der Valar zu vernichten. Der Kampf gegen ihn, den Vertreter einer gottfeindlichen Macht, ist nicht nur als Selbstverteidigung der freien Völker von Mittelerde, sondern auch religiös gerechtfertigt.

Menschen beteiligen sich an diesem Kampf auf beiden Seiten. Die Rollen von Gut und Böse sind klar und eindeutig verteilt. Über Recht oder Unrecht braucht man auf der guten Seite nicht viel nachzudenken.

Saurons Ring

Die Geschichte von Saurons Ring und den anderen großen Ringen beginnt im Zweiten Zeitalter.

Elben fertigen solche Objekte an, wahrscheinlich, weil sie in Mittelerde bleiben und ihr Umfeld so schön und sicher gestalten wollen, dass es ihnen auf Dauer als Heimat dienen kann. Aber sie lassen sich vorübergehend auf Zusammenarbeit mit Sauron ein, der sie über seine bösen Absichten täuscht. Mit Hilfe von Kenntnissen, die er den Elben abgelistet hat, schmiedet er einen Ring, der ihn befähigt, die anderen Ringe unter seine Kontrolle zu bringen. Als das bemerkt wird, nehmen die Elben die von ihnen getragenen Ringe ab, um sie vor Sauron zu verbergen. Es kommt zum Krieg. Sauron bringt die meisten Ringe in seine Gewalt. Er gibt sie an ausgewählte Menschen und Zwerge aus, um sie mit Hilfe des herrschenden Ringes zu unterwerfen und für seine Zwecke einzusetzen. Vollen Erfolg erzielt er nur bei Menschen. Die Ringe der Zwerge werden teilweise vernichtet, teilweise von Sauron zurückgewonnen.

Sauron nutzt die zunehmende Entfremdung zwischen Menschen und Elben aus. Fast während des gesamten Zweiten Zeitalters leben auf der großen Insel Númenor westlich von Mittelerde Menschen, deren Vorfahren im Ersten Zeitalter auf der Seite der Elben gegen Morgoth gestanden haben und von den Valar für ihre Leiden mit dem Geschenk dieser Insel entschädigt worden sind. Ihr letzter König lässt sich aus Machtgier und weil er Elben und Valar um ihre Unsterblichkeit beneidet, durch

Sauron verleiten, mit einer gewaltigen Flotte das den Menschen verbotene Gebiet der Valar anzugreifen. Diese legen vorübergehend ihr Amt als Hüter der Welt nieder. Durch das Eingreifen Ilúvatars werden die Unsterblichen Lande aus der für Menschen erreichbaren Welt entrückt. Der König und seine Streitmacht gehen zugrunde. Númenor versinkt für immer im Meer.

Manche aus dem Inselvolk, die Ilúvatar und den Valar treu geblieben sind, retten sich vor der Katastrophe durch Flucht nach Mittelerde. Sie gründen dort die Reiche Arnor und Gondor.

Als Sauron Krieg gegen sie beginnt, schließen sie zum Kampf gegen ihn mit den Elben das Letzte Bündnis. Sauron wird besiegt und muss sich während des Dritten Zeitalters lange verborgen halten. Der herrschende Ring wird ihm abgenommen, aber nicht vernichtet. Er geht zunächst verloren, ist für sehr lange Zeit verschollen, gelangt aber schließlich auf abenteuerlichem Weg in den Besitz eines Hobbits aus dem friedlichen Auenland.

Das Reich der Elben im Westen von Mittelerde ist untergegangen. Von den Reichen der früheren Inselbewohner besteht nach vielen von Sauron angezettelten Kriegen am Ende des Dritten Zeitalters, als er selbst mit inzwischen gewachsener Macht wieder offen angreift, nur noch Gondor.

Für den Ausgang dieses in „Der Herr der Ringe" geschilderten Krieges ist das Schicksal des herrschenden Ringes entscheidend.

Sauron erfährt, dass er sich im Auenland bei einem Hobbit namens Beutlin befindet. Seine Ringgeister, die grausamen Schwarzen Reiter, werden ausgeschickt, um ihn zu holen.

Frodo Beutlin als Besitzer des Ringes entkommt ihnen mit Hilfe des Waldläufers Aragorn nur knapp. Er findet vorübergehend Zuflucht bei Elrond in dem Elbenstützpunkt Bruchtal. Dort wird nach ausgiebiger Beratung ein tollkühnes Unternehmen beschlossen. Der Ring soll heimlich nach Mordor, also in das Land des Feindes, gebracht und an dem Ort, an dem er geschmiedet wurde, durch das einzige Mittel zerstört werden, mit dem das möglich ist: Einschmelzen im Feuer des Schicksalsberges, eines Vulkans. Frodo erklärt sich bereit, die gefährliche Reise anzutreten. Er wird zunächst von dem Zauberer Gandalf, drei Hobbits, zwei Menschen, einem Zwerg und einem Elben begleitet, ganz zuletzt nur noch von dem Hobbit Sam Gamdschie.

Die Notwendigkeit, den Ring zu zerstören, ergibt sich daraus, dass dieser selbst im Besitz eines anderen als Sauron ein äußerst bösartiges magisches Objekt ist. In der Ringkunde wurde er ebenso wie die von Sauron ausgegebenen schwächeren Ringe dem Typ S zugeordnet.

Ringe dieses Typs verleihen entsprechend befähigten Personen große Macht. Aber die magische Kraft wirkt sich auf die Persönlichkeit des Ringträgers unheilvoll aus und bildet eine Gefahr für andere. Saurons Ring ist ein extremes Beispiel. Nur seine Vernichtung rettet Mittelerde vor totaler Eroberung und Verwüstung.

Gandalf, Elrond und Galadriel lehnen es ab, diesen Ring an sich zu nehmen. Als Unsterbliche könnten sie zwar hierdurch ihre Macht vergrößern und möglicherweise auf einen Sieg gegen Sauron hoffen. Sie fürchten aber die unwiderstehliche Versuchung, sich mit Hilfe des Ringes an die Stelle des Dunklen Herrschers zu setzen und ihn als Tyrann von Mittelerde abzulösen.

Tom Bombadil, ein Unsterblicher, aber wohl kein Elb, ist die einzige bekannte Person in Mittelerde, die den Ring höchst gelassen in die Hand nehmen, an den Finger stecken und lächelnd wieder aus der Hand geben kann, ohne seiner Kraft ausgesetzt zu sein. Aber er ist trotz der wertvollen Hilfe, die er Frodo und dessen Begleitern bei ihrer Wanderung durch den Alten Wald und über die Hügelgräberhöhen leistet, nicht sehr stark an Politik und Machtspielen außerhalb seines kleinen Landes interessiert. Man hält es bei der großen Beratung in Bruchtal nicht für opportun, den Ring in seine Obhut zu geben.

Auf Menschen und Hobbits wirken der herrschende Ring und diejenigen schwächeren Ringe, die zwar von Elben, aber unter Mitwirkung Saurons hergestellt wurden, verderbenbringend. Die mit ihrem Besitz verbundene Verlängerung natürlicher Lebenszeit ist für sie kein Segen, sondern ein Fluch. Sie bringt keinen Gewinn an Lebensqualität mit sich. Vor allem Menschen als Ringträgern droht die totale Unterwerfung unter die dunkle Macht.

Zwei Hobbits, nämlich Bilbo Beutlin und Sam Gamdschie, bringen es immerhin fertig, den herrschenden Ring freiwillig aus der Hand zu geben. Auch Frodo Beutlin, ein hochanständiger und tapferer Hobbit, widersteht der bösartigen Kraft sehr lange. Aber in Mordor gewinnt das magische Objekt Gewalt über ihn. Nach Erreichen des Ortes, an dem es zerstört werden soll, erklärt er, er sei nicht mehr bereit, das zu tun, wozu er gekommen sei, der Ring gehöre ihm. Gleichzeitig steckt er ihn an den Finger und wird für Sauron, der bis dahin durch die Entscheidungsschlacht des Krieges abgelenkt ist, dadurch sichtbar.

Sauron schickt sofort seine Ringgeister zum Schicksalsberg. Für ihn ist die Zerstörung des Ringes die Hauptgefahr, weil er dadurch seine gesamte Macht verliert, also auch diejenige, die er vor Herstellung des Ringes besessen und auf diesen übertragen hat. Dass seine Gegner es darauf abgesehen haben, bemerkt er erst, als Frodo auf dem Schicksalsberg angekommen ist und sich den Ring aufsetzt. Bis dahin hat Sauron sich nur vorstellen können, jemand werde den Ring zur Vergrößerung eigener Macht benutzen und so gegen ihn kämpfen.

Frodos Mission droht kurz vor dem Ziel zu scheitern. Aber Gollum, ein Hobbit mit kriminellen Neigungen, der eigentlich Sméagol heißt, überfällt ihn in diesem Augenblick. Er raubt den Ring, indem er Frodo den Finger abbeißt. Am Rand des feurigen Abgrunds vollführt er einen Freudentanz, tritt dabei fehl und fällt mit dem Ring, der immer noch an Frodos Finger steckt, in die Glut. Das ist das Ende des Ringes. Saurons Macht bricht zusammen. Sein Dunkler Turm wird durch ein Erdbeben zerstört, die Ringgeister gehen in den Flammen des Vulkans zugrunde, und die Niederlage von Saurons Heerscharen ist besiegelt.

Gollum gehört zu den interessantesten Gestalten des Märchens. Er hat sich vor langer Zeit den Ring durch Mord verschafft, für mehr als 400 Jahre in der Tiefe eines Berges gehaust und die Kraft des Ringes, seinen Träger unsichtbar zu machen, dazu benutzt, Orks zu überfallen, um sie zu verspeisen. Den Hobbit Bilbo Beutlin, den es auf abenteuerliche Weise in den Berg verschlagen hat, hätte er ebenfalls getötet, wenn Bilbo nicht den irgendwann von Gollums Finger geglittenen Ring gefunden hätte und mit seiner Hilfe entkommen wäre. Gollums Verlangen, den ihm nach seiner Ansicht gestohlenen »Schatz« wiederzubekommen, ist unwiderstehlich. Aber der Ring hat ihn nicht so stark verändert wie die Menschen, denen Sauron Ringe gegeben hat. Vorübergehend tritt Gollum sogar unter seinem ursprünglichen Namen in den Dienst Frodos und schwört ihm, den Ring niemals in die Hände Saurons fallen zu lassen. Frodo erklärt, dass der Ring, bei dem er geschworen hat, ihn an diesen Eid binden wird. Auf dem Weg nach Mordor leistet Sméagol Frodo und dessen Begleiter Sam unentbehrliche Hilfe. Er wird dann allerdings rückfällig und heckt einen Mordplan gegen sie aus, bei dessen Durchführung eine Riesenspinne helfen soll. Der Plan scheitert an Sams Tapferkeit. Auch die gegen Frodo und Sam gerichteten Handlungen Gollums tragen im Ergebnis dazu bei, dass sie unentdeckt zum Schicksalsberg vordringen können und der Ring vernichtet wird. Als Gollum am Hang des Berges Frodo zunächst erfolglos angreift, droht ihm dieser, er solle selbst in das Schicksalsfeuer geworfen werden, wenn er ihn, Frodo, jemals wieder anrühre. Die Drohung wird, so hat es den Anschein, nicht nur unter dem Einfluss, sondern mit der geballten Macht des grausamen Ringes ausgesprochen. Durch ihre Verwirklichung wird der

Eid, den Gollum bzw. Sméagol geleistet hat, tatsächlich erfüllt. Könnte es sein, dass die Kraft des Ringes zuletzt auf Selbstzerstörung hingewirkt hat?

Drei Elbenringe

Bis zum Ende des Krieges stehen dem herrschenden Ring und den anderen bösen Ringen drei echte magische Ringe eines anderen Typs gegenüber. An ihrer Herstellung durch die Elben war Sauron nicht beteiligt. Sie befinden sich im Besitz seiner Gegner Gandalf, Elrond und Galadriel und entfalten eine für Mittelerde und seine Bewohner heilsame Wirkung. Die Beschreibung ist ziemlich vage. Sie sind nicht als Waffen des Krieges oder der Eroberung gefertigt worden, helfen aber dennoch irgendwie bei der Abwehr der Aggression Saurons. Diejenigen, die sie herstellten, gelüstete es, so der Elbenfürst Elrond in der großen Beratung, nicht nach Macht oder Herrschaft oder angehäuftem Reichtum, sondern danach, zu verstehen, zu wirken und zu heilen, um alle Dinge rein zu erhalten. In der Ringkunde wurden diese Objekte dem Typ G zugeordnet.

Wie sich die wohltätige Wirkung der Elbenringe konkret offenbart, ist eher zwischen den Zeilen zu lesen. Ihre Besitzer sorgen tatkräftig dafür, dass eine Gemeinschaft, die aus Angehörigen verschiedener freier Völker besteht, sich auf eine äußerst gefährliche Reise begibt, um Saurons Ring unschädlich zu machen. Die Fahrt kann trotz aller Schwierigkeiten und Gefahren bis zu einem Punkt fortgesetzt werden, an dem sich die Wege trennen müssen und ein Mensch vorübergehend der Verführungskraft des bösen Ringes erliegt. Der Elb Legolas und der Zwerg Gimli werden zu engen Freunden. Das ist das Verdienst Galadriels und wegen des bis dahin eher feindseligen oder doch von Misstrauen geprägten Verhältnisses zwischen Elben und Zwergen von einiger Bedeutung. Wahrscheinlich wirkt sich die Kraft der guten Ringe günstig auf die Beziehungen zwischen den auf Grund ihrer Herkunft und Überlieferung einander fremd gegenüberstehenden Gefährten aus, obwohl die Betroffenen das nicht merken. Noch wichtiger ist: Sie hilft Gandalf, Elrond und Galadriel vielleicht auch, einer gefährlichen Versuchung zu widerstehen. Alle drei könnten Saurons Ring seinem Träger Frodo abnehmen. Sie tun es nicht, obwohl sie ahnen, dass mit der angestrebten Vernichtung des herrschenden Ringes auch ihre Macht, das heißt die Macht ihrer Ringe, endet.

Frodo darf einmal die Elbenfürstin Galadriel als Ringträgerin wahrnehmen. Sonst werden die drei Ringe bis zum Sieg über Sauron verborgen gehalten. Denn sie sind dem herrschenden Ring an Macht unterlegen und in Gefahr, unter Saurons Kontrolle zu geraten und von ihm missbraucht zu werden, wenn er sie aufspürt. Auch deshalb muss der herrschende Ring unbedingt zerstört werden. Die drei Elbenringe verlieren allerdings ebenso wie die von Sauron ausgegebenen Ringe zwangsläufig ihre magische Kraft, als dies gelingt.

Mittelerde nach dem Ende der Ringe

Der Untergang der Ringe bildet einen tiefen Einschnitt in der Geschichte von Mittelerde. Gandalf kann sich nicht weiterhin im Dienst der Valar um das Wohl der Hobbits und anderer Völker von Mittelerde kümmern. Er besteigt mit Elrond und Galadriel ein Elbenschiff. Sie nehmen die langjährigen Ringträger Bilbo und Frodo Beutlin mit. Sam Gamdschie, kurzfristig auch Ringträger, bleibt noch für ein paar Jahrzehnte im Auenland und bringt es auf sieben Amtsperioden als Bürgermeister. Aber irgendwann sucht er ebenfalls den Fährhafen der Elben auf. Der Elb Legolas darf seinen Freund, den Zwerg Gimli, mit auf die Reise nehmen. Den Elben bleibt insgesamt nichts anderes übrig, als auf dem Seeweg die ihnen längst bestimmte Zuflucht in einem jenseitigen Land aufzusuchen, wenn sie nicht wie Arwen ein bitteres Opfer bringen wollen: Integration in die Gesellschaft der Menschen von Mittelerde unter Verzicht auf Unsterblichkeit. Den Auswanderern ist aber eine angemessene Räumungsfrist zugebilligt. Die »Elbendämmerung« ist kein so grausames Geschick wie die als Brandkatastrophe inszenierte Götterdämmerung am Ende des »Rheingold-Märchens«.

Nebenbei bemerkt, in einer besonders kritischen Phase des Ringkrieges veranstaltet ein Mensch, nämlich Denethor, der als Statthalter anstelle der alten Könige in Gondor regiert, so etwas Ähnliches wie eine private Götterdämmerung. Als Saurons Armee im Begriff ist, seine Hauptstadt zu erobern, will er weder weiterkämpfen noch die Herrschaft an Aragorn übergeben, der als Erbe der Könige von Arnor und Gondor darauf Anspruch erheben kann. Er hält den Sieg Saurons für unabwendbar und will in seiner Verzweiflung sich selbst und seinen Sohn Faramir verbrennen. Gandalf kann nur Faramir retten. Er vergleicht die Verzweiflungstat Denethors mit dem Verhalten heidnischer Könige unter der Herrschaft der Dunklen Macht.

Der Ringkrieg des Dritten Zeitalters endet aber mit einem Sieg der guten Sache und, so scheint es zunächst, nicht mit einem der Götterdämmerung vergleichbaren Zusammenbruch der Elbenreligion. Aragorn, zu dessen Ahnen in grauer Vorzeit Elben gehörten, besteigt als König Elessar den Thron von Gondor an der Seite von Arwen. Er ist bei Elben aufgewachsen und hat auf Grund seiner Abstammung eine höhere Lebenserwartung als normale Menschen und Hobbits. Während seiner langen und segensreichen Regierung sorgt er wahrscheinlich dafür, dass in Gondor und befreundeten Gebieten die Verehrung Ilúvatars und der Valar nicht in Vergessenheit gerät.

Und dennoch: Wird nicht auch die Verschärfung einer längst sichtbar gewordenen und letztlich unabwendbaren Krise dieser überlieferten Religion angedeutet, nämlich das weitere Schwinden des geistigen und moralischen Einflusses der Elben und der Valar? Die Elbenfreunde, zumindest diejenigen, die noch Elben persönlich gekannt haben, dürften irgendwann aussterben. Die Verbindung von Mittelerde und seinen Bewohnern zu den übernatürlichen Vertretern einer göttlichen Ordnung muss im Vierten Zeitalter schwächer werden. Irgendwann gibt es in Mittelerde keine Personen mehr, die unmittelbare Verbindung zu den Valar hatten.

Genau genommen begann die Krise wohl schon im Zweiten Zeitalter, nämlich mit der Herstellung der Ringe. Elben, die am Ende des Ersten Zeitalters auf die von den Valar angebotene Rückkehr in das als ihre ewige Heimat bestimmte Land im Westen verzichtet hatten, arbeiteten in bester Absicht vorübergehend mit Sauron zusammen. Ihr sich lange hinziehender Abschied von Mittelerde und den dort lebenden Völkern wurde durch das damals erwachsende Unheil eingeleitet.

Mit der Unschädlichmachung Saurons und seines herrschenden Ringes ist ein großes Übel beseitigt. Aber Gandalf hat darauf hingewiesen, dass in Zukunft andere Übel kommen können.

Im Vierten Zeitalter übernehmen Menschen endgültig die Herrschaft. Mittelerde verliert einiges von seinem märchenhaften Charakter und wird der realen Welt ähnlicher. Ents und Trolle dürften aussterben, soweit sie sich nicht in unzugänglicher Wildnis verbergen und dadurch überleben. Zwerge, Hobbits und Orks, die weder aussterben noch sich verstecken wollen und auch nicht auswandern können, lassen sich möglicherweise in die Gesellschaft der Menschen integrieren. Ob Zivilisation und Kultur in Mittelerde dadurch insgesamt bereichert werden? Zweifellos wirken die sehr wenigen Elben, die sich den Menschen anschließen, als wichtige Kulturträger. Die Verdienste der Orks um die Entwicklung hochwirksamer Waffensysteme hat Tolkien irgendwo ausdrücklich hervorgehoben. Handel und Gewerbe in

Mittelerde könnten mit Hilfe fleißiger, technisch begabter und geschäftstüchtiger Zwerge aufblühen. Methoden einer umweltschonend betriebenen und dennoch leistungsfähigen Landwirtschaft kann man vielleicht von den Hobbits lernen. Hoffentlich nicht nur für den Anbau und die Verarbeitung von Pfeifenkraut, auch wenn Meriadoc Brandybock im Vorwort zur Kräuterkunde des Auenlandes stolz hervorhebt, dass das Rauchen des Krauts bei den Hobbits erfunden wurde und Zauberer ebenso wie einige andere Bewohner von Mittelerde erst später auf den Geschmack kamen.

Es gibt übrigens im Vierten Zeitalter zumindest noch ein bedeutendes magisches Objekt, nämlich den letzten Palantir. Er könnte der Regierung als vorzügliches Werkzeug zur heimlichen Beobachtung von Land und Leuten dienen.

Der Rheingold-Ring

Alberichs Ring ist wie Saurons Ring ein echtes magisches Objekt des Typs S. Seine Entstehungsgeschichte liest sich allerdings etwas anders:

In dem märchenhaften Fluss namens Rhein befindet sich Gold. Es wird von drei Nixen – den Rheintöchtern – so schlecht bewacht, dass der Zwerg Alberich es entwenden kann. Sie weisen zuerst sein Werben um Liebe höhnisch zurück und beleidigen ihn zutiefst. Dann lassen sie ihn aber wissen, dass jemand, der feierlich und endgültig auf Liebe verzichtet, sich des Rheingoldes bemächtigen und daraus einen Ring schmieden kann, der ihm zur Eroberung der Welt verhilft. »Der Welt Erbe«, so plaudern sie aus, »gewänne zu eigen, wer aus dem Rheingold schüfe den Ring, der maßlose Macht ihm verlieh'.«

Alberich, der bis dahin nicht so böse wie Sauron erscheint, verflucht die Liebe, nimmt das Gold, schmiedet den Ring und benutzt ihn, um zunächst sein eigenes Volk, die Zwerge, zu unterwerfen. Er zwingt sie, für ihn durch Ausbeutung von Goldminen und Herstellung von Goldschmuck gewaltigen Reichtum anzuhäufen. Sein Bruder Mime muss ihm einen Tarnhelm herstellen, der seine Macht noch vergrößert. Alberich kann sich, wie er weiß, mit Gold durchaus Frauen kaufen, allerdings nur Lust ohne Liebe. Die geplante Welteroberung scheitert daran, dass er von dem Götterfürsten Wotan durch eine List gefangen genommen und gezwungen wird, als Lösegeld das bis dahin gewonnene Gold, den Tarnhelm und schließlich auch den Ring herzugeben. Der Ring geht durch mehrere Hände, und es gibt eine Reihe gewaltsamer Todesfälle. Er wird schließlich, nachdem Alberichs Sohn Hagen vergeblich versucht hat, sich seiner nach Ermordung des Helden und Ringträgers Siegfried zu bemächtigen, durch Herausgabe an die Rheintöchter unschädlich gemacht. Gleichzeitig kommt es zur sogenannten Götterdämmerung, bei der Wotan und die anderen Götter zugrunde gehen.

Bei dem Ring des Schwarzalben tritt die bösartige Kraft anders in Erscheinung als bei Saurons Ring. Sie ist, wie es scheint, nicht ganz so unwiderstehlich. Natürlich stellt ein Ring, der seinem Träger maßlose Macht verleiht, eine große Gefahr für andere dar. Und jeder Ringträger ist dadurch gefährdet, dass andere versucht sind, ihm das Objekt trotz des daran haftenden Fluches abzunehmen. Man kann als Wirkung des Schmuckstücks bei Alberich selbst und einem anderen Ringträger, nämlich dem zuletzt in ein Ungeheuer verwandelten Riesen Fafner, auch eine unheilvolle Persönlichkeitsveränderung vermuten, ebenso bei Mime und Hagen, die es erfolglos begehren. Machtgier, Habsucht, Neid, Angst und kriminelle Energie nehmen offenbar zu. Sogar der Gott Wotan ist in dieser Hinsicht zunächst gefährdet, aber letztlich stark genug, um rechtzeitig die Notwendigkeit des Verzichts auf den Ring einzusehen und entsprechend zu handeln.

Über Siegfried und Brünnhilde gewinnt der Ring anscheinend keine Gewalt. Der Held agiert zwar in manchen Situationen weder anständig noch vernünftig. Sein durch Hagens Zaubertrank verursachter partieller Gedächtnisverlust mit der Folge, dass er Brünnhilde vergisst und sich in Gutrune verliebt, entschuldigt das nur teilweise. Er kann sich irgendwann nicht mehr daran erinnern, mit Brünnhilde auf dem Walkürenfelsen eine Liebesbeziehung eingegangen zu sein und ihr den durch Tötung Fafners erbeuteten Ring geschenkt zu haben. Dass er sie von dem Walkürenfelsen entführt, um sie zur Ehe mit Gunther zu zwingen, dessen Gestalt er mit Hilfe des Tarnhelms vorübergehend angenommen hat, darf man trotz dieser Gedächtnislücke als höchst unedle Tat bezeichnen. Hier und bei der gleichzeitigen gewaltsamen Wegnahme des Ringes zeigt sich aber wohl nicht eine durch den Ring bewirkte Persönlichkeitsveränderung, sondern eine damals im Rheinland verbreitete rücksichtslose und überhebliche Einstellung gegenüber Frauen.

In dem kurz vor seiner Ermordung geführten Gespräch mit den Rheintöchtern macht Siegfried deutlich, dass er zu viel Selbstbewusstsein und Mut besitzt, um sich das Schmuckstück durch Einschüchterung, nämlich den Hinweis auf einen daran haftenden Fluch und die Ankündigung seines bevorstehenden gewaltsamen Todes, abschwatzen zu lassen. Er hätte es aber möglicherweise gegen Minne oder sogar gratis hergegeben, wenn die Rheintöchter etwas netter zu ihm gewesen wären. Leider ziehen sie es vor, ihn wegen seiner Unbelehrbarkeit ins Verderben laufen zu lassen.

Brünnhilde überlässt den Ring, den sie wieder an sich genommen hat, den Rheintöchtern, als sie sich in das Feuer des für Siegfried errichteten Scheiterhaufens stürzt und gleichzeitig zusammen mit Wotan und dem Feuergott Loge dafür sorgt, dass auch die Götterburg Walhall abbrennt. Dass sie sich vorher an dem gegen Siegfried gerichteten Mordkomplott beteiligt, um Rache für seinen ihr zunächst völlig unverständlichen Treubruch zu nehmen, mag man ebenso wie die zum Untergang der Lichtalben führende Brandstiftung verurteilen. Aber auch hier zeigt sich bei der ehemaligen Walküre keine durch den Ring bewirkte Persönlichkeitsveränderung.

Allegorische Bedeutung des Märchens und des Ringes wurde häufig zur Diskussion gestellt. Versucht wurde beispielsweise, den Rheingold-Ring, der als Werkzeug für hemmungsloses Machtstreben nur unter Verzicht auf Liebe hergestellt und eingesetzt werden kann und dessen Kraft selbst Götter fürchten, als Sinnbild eines ganz alltäglichen Gegenstands zu entlarven, von dem wir alle hoffentlich genügend in der Tasche haben: Geld! Über angehäuftes Kapital könnte man vielleicht das Gleiche sagen wie Alberich, als er den ihm abgenommenen Ring mit einem Fluch belegt: Wer es hat, »den sehre die Sorge«, wer es nicht hat, »den nage der Neid«.

Aber welche Probleme der Welt werden dadurch gelöst, dass man Geld ins Feuer oder in einen Fluss wirft?

Für das Märchen selbst wurde auch erwogen, ob es ursprünglich an eine historische kriegerische Auseinandersetzung anknüpft, die in uralter Zeit zwischen heute nicht mehr auffindbaren Völkern stattfand. Aber niemand behauptet ernstlich, dass ein Ring dabei eine entscheidende Rolle spielte.

Ein anderes magisches Objekt

Den Ringforschern entging natürlich nicht, dass dem Ring des Schwarzalben auf den ersten Blick kein magisches Objekt gegenübersteht, das sich mit den wohltätig wirkenden Ringen der Elben von Mittelerde vergleichen lässt. Aber sie kamen auf den Gedanken, dass es im »Rheingold-Märchen« dennoch einen Gegenstand gibt, der für die Geschichte des Rheinlandes wenigstens entfernt ähnliche Bedeutung haben könnte wie die drei Elbenringe für die Geschichte von Mittelerde.

Für das »Handbuch der magischen Gegenstände« verfasste jemand den folgenden Artikel:

»WOTANS SPEER, von den meisten Märchenforschern trotz gewisser Bedenken als echtes magisches Objekt des Typs G bezeichnet.
Quelle: das Rheingold-Märchen, auch bekannt unter dem Titel ›Der Ring des Schwarzalben‹. Verfasser: unbekannt.
Die krisenhafte Entwicklung in der Geschichte der Lichtalben (Götter) und ihres Oberhauptes Wotan beginnt nicht erst mit dem Diebstahl des Rheingoldes und der Entstehung von ALBERICHS RING (s. d.).
Schon lange vorher hat Wotan aus einem abgehauenen Ast der Weltesche einen Speer angefertigt, der nicht nur als Waffe eingesetzt werden soll. Durch Runen auf dem Schaft sind Verträge mit Riesen und Zwergen beurkundet worden, vermutlich die Ansätze zu einer Frie-

dens- und Rechtsordnung für das Rheinland. Über ein Mitspracherecht von Menschen bei diesbezüglichen Verhandlungen ist nichts bekannt. Unabhängig davon lautet die Begründung dafür, dass man Wotans Speer meist als echtes, wenn auch nicht besonders gut gelungenes magisches Objekt des Typs G einordnet, ungefähr so:

Der Götterfürst handelt, wie zu seinen Gunsten angenommen werden darf, bei der Herstellung des Speeres und dem Abschluss von Verträgen, die seine Autorität stützen, ursprünglich in guter Absicht. Er will für eine Ordnung sorgen, in der alle Völker einigermaßen erträglich unter der Herrschaft der Götter zusammenleben. Der Speer mit den in den Schaft geschnittenen Runen ist das mit magischer Kraft ausgestattete Mittel dazu. Er soll nicht nur die Macht Wotans, sondern auch das Recht schützen und dadurch wohltätig wirken.

Diese Ziele werden allenfalls begrenzt erreicht. Der als Weltesche bezeichnete Baum, aus dessen Holz der Speer geschnitzt wurde, ist seitdem krank. Dass er verdorrt, ist, schon bevor er gefällt wird, ein Zeichen für die Krise und den drohenden Zusammenbruch der Macht der Lichtalben.

Die auf dem Schaft des Speers beurkundeten Verträge sorgen nicht in wünschenswertem Ausmaß für Frieden und Rechtssicherheit. Wotans Ordnung weist vielmehr unabhängig von den Vorgängen um das Rheingold schwere Mängel auf. Offenbar bringt auch Wotan selbst ihr wenig Respekt entgegen. Anders lässt sich der schändliche Vertrag über die Errichtung der Götterburg Walhall kaum erklären.

Wotan gibt das Bauwerk den Riesen Fafner und Fasolt

in Auftrag und verpflichtet sich, ihnen zum Lohn die Göttin Freia zu überlassen.

Es mag sein, dass Frauen im Rheinland grundsätzlich Personen minderen Rechts sind (mit Ausnahme vielleicht von Wotans Ehefrau Fricka, die sich in einer bestimmten Situation energisch und erfolgreich gegen ihren Göttergatten durchsetzt). Die märchenhafte Überlieferung weist auf das Vorkommen von Zwangsehen hin. Die ohne Freias Einverständnis getroffene und von Fricka heftig kritisierte Vereinbarung verstößt aber wahrscheinlich auch nach damaligen Maßstäben grob gegen das Anstandsgefühl aller billig und gerecht Denkenden. Wotan hat allerdings nicht vor, sie zu erfüllen. Für die Lichtalben ist Freia unentbehrlich als Spenderin der goldenen Äpfel, die sie zur Erhaltung ihrer Gesundheit und Unsterblichkeit benötigen.

Bei dem Versuch, die Riesen zu hintergehen, berücksichtigt Wotan nicht, dass der auf seinem Speer beurkundete Vertrag trotz Unvereinbarkeit mit den guten Sitten bindende magische Kraft besitzt. Daraus ergibt sich Wotans Zwangslage. Er muss den Riesen, um sie zum Verzicht auf Freia zu bewegen, alles ausliefern, was er Alberich mit List und Gewalt abgenommen hat, Gold, Tarnhelm und zuletzt auch den Ring.

Der Riese Fafner erschlägt seinen Bruder und Geschäftspartner Fasolt und behält die gesamte Beute für sich allein. Um sie zu bewachen und sich selbst zu schützen, verwandelt er sich mit Hilfe des Tarnhelms in einen Lindwurm und zieht sich in eine Höhle zurück. Ähnlich wie Gollum, der sich in Mittelerde ebenfalls durch Mord einen fluchbeladenen Ring verschafft hat, unternimmt er keinen Versuch der Welteroberung. Er begnügt sich damit, Tiere und Menschen zu fressen, die seiner Höhle zu nahe kommen.

Wotan sieht die Gefahr, dass Alberich irgendwann den Ring zurückerlangt und zur Eroberung von Walhall benutzt. Die Lichtalben können nicht versuchen, ihn Fafner gewaltsam abzunehmen. Das würde das Ende der Ordnung bedeuten, die für sie die Grundlage ihres Machtanspruchs und ihrer Existenz darstellt. Der Speer als Machtinstrument kann für einen solchen Versuch nicht eingesetzt werden. Er würde daran zerbrechen.

Unter Ausnutzung der ständigen Stammeskriege im Rheinland lässt Wotan deshalb durch die Walküren, die in seinem Auftrag das Kampfgeschehen beobachten und Einfluss auf Sieg und Niederlage nehmen, gefallene Krieger der Menschen nach Walhall verbringen. Er baut sich eine aus Helden bestehende Armee auf. Sie würde aber, wie er weiß, ebenso wenig wie der Speer ausreichen, um einen von Alberich mit Hilfe des Ringes unternommenen Eroberungsversuch abzuwehren.

Alberich hat nicht nur mit dem Einsatz von Waffengewalt gedroht. Seine erklärte Absicht als Ringbesitzer ist es, durch die unwiderstehliche Macht des von den Schwarzalben in rastloser unterirdischer Arbeit angehäuften Goldes alle nach Bodenschätzen süchtigen oberirdischen Völker und besonders auch die Lichtalben zu unterwerfen. Er könnte mit unbegrenzten finanziellen Mitteln zwar militärisch beliebig aufrüsten, möglicherweise aber auch ohne Krieg die sterblichen Bewohner des Rheinlandes den göttlich verehrten Lichtalben abspenstig machen, Walhall durch den Verlust dorther kommender Einkünfte (Steuern und/oder Opfergaben) in den Ruin treiben und den Lichtalben sodann ein Übernahmeangebot unterbreiten. Bestenfalls hätten sie dann noch als seine Angestellten eine Zukunft.

Um der Gefahr der feindlichen Übernahme zu begegnen, spielt Wotan seinem nichtehelichen Sohn Siegmund, einem Menschen, ein Zauberschwert in die Hände. Er hofft, Siegmund werde mit dieser Waffe als selbstständig handelnder, nicht etwa von seinem göttlichen Vater angestifteter Held Fafner bezwingen und so die Sicherstellung des gefährlichen Ringes ermöglichen. Dieser Plan scheitert. Wotan muss auf Verlangen seiner Ehefrau, der für den Schutz von Ehe und Familie zuständigen Göttin Fricka, dafür sorgen, dass Siegmund zur Strafe für Ehebruch und Inzest, begangen mit seiner Zwillingsschwester Sieglinde, von dem beleidigten Ehemann Hunding im Zweikampf getötet wird. Dabei kommt der Speer, wie es scheint, zu seinem letzten erfolgreichen Einsatz im Namen des Rechts. Wotan zertrümmert mit ihm das von Siegmund gegen Hunding geschwungene Schwert. Er bestraft sodann die Walküre Brünnhilde, seine Lieblingstochter, wegen ihres ursprünglich seinem Wunsch entsprechenden, auf Intervention Frickas jedoch von ihm verbotenen Versuchs Siegmund zu helfen. Der Status einer unsterblichen Walküre und bevorzugten Helferin ihres Vaters wird ihr entzogen. Wotan versetzt sie in tiefen Schlaf. Er lässt sie in diesem Zustand der Wehrlosigkeit auf einem Felsen liegen, um sie demjenigen sterblichen Mann auszuliefern, der sie weckt. Gemildert wird die Strafe auf ihren Wunsch dadurch, dass Wotan mit Hilfe des Feuergottes Loge um die Schlafende einen Feuerring zieht, den nur ein völlig furchtloser Held durchschreiten kann.

Die Trümmer von Siegmunds Schwert bleiben erhalten. Siegfried, der Sohn des ehebrecherischen Zwillingspaares, ein furchtloser und gegenüber allen Autoritäten völlig respektloser junger Mensch, schmiedet aus ihnen ein neues Schwert. Er tötet damit Fafner und nimmt Ring und Tarnhelm in Besitz. Mime, der aus Gier nach dem Ring Siegfried heimtückisch ermorden will, wird von ihm entlarvt und ebenfalls getötet. Anschließend begibt sich Siegfried zum Walkürenfelsen, um die dort schlafende schöne Frau zu wecken. Als Wotan ihn daran mit vorgehaltenem Speer hindern will, zerschlägt Siegfried die göttliche Waffe mit dem neu geschmiedeten Schwert.

Der Untergang der Macht der Lichtalben, nämlich der von Wotan gestalteten und seinem Schutz anvertrauten Ordnung, wird durch diesen Akt schon vor der Unschädlichmachung des Ringes und vor dem Brand der Götterburg angezeigt.

Genau genommen deutet Wotan Bereitschaft zur Kapitulation zugunsten Alberichs bereits an, als er diesem rät, Fafner vor Siegfried zu warnen und mit ihm eine Einigung über die Herausgabe des Ringes anzustreben. Ist er sich dabei völlig sicher, dass Fafner die Warnung missachtet? Will er bei Alberich nur jeden Zweifel daran ausräumen, dass Siegfried völlig unabhängig von ihm, Wotan, handelt? Oder rechnet er etwa für sich und die anderen Lichtalben mit der schwachen Chance, zum Dank für den guten Rat anständig dotierte Positionen in einem von Alberich beherrschten Weltkonzern zu erhalten? Es kommt nicht dazu, weil Fafner die ihm durch Siegfried drohende Gefahr unterschätzt.

Aber ein Märchenforscher aus dem Westland hat einmal darüber nachgedacht, was wohl geschehen wäre, wenn Fafner zugunsten Alberichs auf Ring und Tarnhelm verzichtet hätte. Vielleicht hätte er nach Rückverwandlung in einen Riesen friedlich von einer ihm zugebilligten Abfindung weiterleben dürfen, und es wäre nicht zur Zerstörung von Wotans Speer und zur Götterdämmerung gekommen.

Wotan sah zwar obszöne und frevlerische Prahlerei darin, dass Alberich bei früherer Gelegenheit als Besitzer des Ringes ankündigte, er werde die »Göttlichen« alle fangen und sich ihre schönen Frauen, wenn er schon keine Chance auf Liebe habe, eben zur Lust unterwerfen. Aber an den beiderseits entstandenen Ressentiments hätte eine Übernahme von Walhall auf dem Verhandlungswege bei kühler Überlegung nicht unbedingt scheitern müssen. Der Schwarzalbe konnte in einer von ihm kontrollierten Welt daran interessiert sein, dass Wotan mit seinem Speer, Donner mit seinem Hammer und die Walküren mit der von ihnen rekrutierten Schutztruppe Walhalls für ihn, also Alberich, unter dem Deckmantel des Rechts und der Religion Macht ausübten. Loge wäre nicht mehr unbedingt auf dem Walkürenfelsen zur Entfachung eines Feuerringes, sondern wegen bewiesener Schläue und Redegewandtheit als Spezialist für Öffentlichkeitsarbeit einzusetzen gewesen. Fricka hätte als Hüterin von Sitte und Moral im Sinne der neuen Ordnung arbeiten können und Freia als Alberichs Chefsekretärin.

Auch ohne jede gegenseitige oder einseitige Liebe wäre es unter anderem ihre Aufgabe gewesen, den hart arbeitenden Chef ebenso wie die zu seinem Mitarbeiterstab gehörigen Lichtalben jeden Morgen mit frischem Obst zu versorgen.

Mit etwas Optimismus könnte man ferner annehmen, dass Siegfried nicht von Hagen heimtückisch ermordet worden wäre, sondern die Chance auf einen Ausbildungsplatz in einem metallverarbeitenden Betrieb Alberichs gehabt hätte. Immerhin lag von ihm in Gestalt des neu geschmiedeten Schwertes eine Talentprobe vor, die von einer Kapazität wie Mime gelobt worden war. Brünnhilde hätte nicht unbedingt auf ihrem Felsen weiterschlafen müssen, sondern ihren Neffen Siegfried kennenlernen und ihn das Fürchten und andere Dinge lehren können, ohne dass dieser erst den Widerstand ihres Vaters bzw. seines Großvaters brechen musste. Mime wäre von Alberich weiterbeschäftigt worden, etwa um noch den einen oder anderen zu Überwachungszwecken benötigten Tarnhelm anzufertigen. Bei den Gibichungen hätte Hagen wohl irgendwann seinen unverheirateten und kinderlosen Halbbruder Gunther als Fürst des Hauses abgelöst. Der Zusammenarbeit von Menschen und Schwarzalben wäre das dienlich gewesen. Als Fachmann für Arzneimittel, die Gedächtnisverlust bewirken oder wieder beseitigen, hätte Hagen am Rhein zum Beispiel eine entsprechend spezialisierte Fabrik für seinen Vater Alberich leiten können.

Vielleicht wären also einige gewaltsame Todesfälle zu vermeiden gewesen, wenn Fafner die Warnung Alberichs ernst genommen hätte. Dass die Rheinländer, welchen

Stammes auch immer, unter der Herrschaft Alberichs und seines Ringes angenehm gelebt hätten, darf für die überwältigende Mehrheit allerdings bezweifelt werden. Arbeitsbedingungen, Entlohnung und Sozialleistungen in Alberichs Bergwerken und Fabriken wären wahrscheinlich nicht besonders gut gewesen, von Mitbestimmung ganz zu schweigen. Pessimisten halten sogar für möglich, dass das Rheinland nach und nach Ähnlichkeit mit dem als trostlos und hassenswert beschriebenen Land Saurons in Mittelerde angenommen hätte. Der Rhein wäre als stark belastetes Gewässer durch eine Industrielandschaft geflossen. Die Rheintöchter hätten wohl in ein Freigehege umziehen müssen.

Wotans Speer hätte man als Machtinstrument den Bedürfnissen der neuen Ordnung angepasst und entsprechend eingesetzt. Runen, die irgendwo störende vertragliche und rechtliche Bestimmungen enthielten, wären auf dem Schaft sorgfältig entfernt oder verfälscht worden. Niemand hätte nachträglich auf die Idee kommen können, dass er ursprünglich vielleicht einmal ein wohltätig wirkendes magisches Objekt des Typs G war oder wenigstens sein sollte.

Aber wäre es den drei Elbenringen des Typs G in Mittelerde besser ergangen, wenn Sauron es irgendwann geschafft hätte, sie unter seine Kontrolle zu bringen?«

Götter, nur mäßig verehrt

In der Erzählung über Alberichs Ring, Wotans Speer, die Errichtung und den Untergang von Walhall geht es offenbar nicht nur um den glücklicherweise gescheiterten Welteroberungsplan eines Schwarzalben, sondern vor allem auch um eine durch Fehlverhalten der Lichtalben (Götter) verursachte Krise einer religiös legitimierten und nichtsdestoweniger korrupten Ordnung.

Die Lichtalben, angeführt von Wotan, sind im Gegensatz zu den Elben von Mittelerde wirklich Götter. Sie werden als solche angerufen. Das geschieht besonders auch in Rechtsangelegenheiten, allerdings in den bekannten Fällen mit recht unbefriedigendem Ergebnis. Ob die Ehrfurcht vor den Lichtalben so groß ist wie diejenige, die in Mittelerde die Elben und Elbenfreunde Ilúvatar und den Valar entgegenbringen, weiß man nicht. Die Helden Siegmund und Siegfried machen nicht den Eindruck, als seien sie besonders gottesfürchtig.

Hätte aus Siegfried, wenn er nicht Hagens kriminellen Machenschaften zum Opfer gefallen wäre, ein gerechter, weiser und frommer Herrscher werden können, vergleichbar mit König Elessar? Hätte er als solcher im Rheinland lange und segensreich an Brünnhildes Seite regiert, mit besseren Gesetzen als denen, die auf dem von ihm zertrümmerten Speer eingeritzt waren? Das erscheint sehr fraglich.

Was ansonsten die Verehrung der Götter betrifft: Ausgerechnet der Verbrecher Hagen spricht bei einer bestimmten Gelegenheit von kultischen Handlungen, nämlich Tieropfern, mit denen man Ehrfurcht bezeugen und so den göttlichen Segen zu einer Hochzeit herabrufen könne. Das ist bei ihm jedoch reine Heuchelei. Hagen ist ebenso wie sein Vater Alberich ein Feind der Lichtalben und hat Kenntnis von ihrem bereits eingetretenen Machtverlust. Die von ihm eingefädelte Doppelhochzeit gehört zu seiner gegen Siegfried gerichteten Intrige. Sie kann den Beteiligten nur Unheil bringen. Die auf Hagens Aufruf bewaffnet erschienenen Mannen finden den frommen Ton, den er anschlägt, nur witzig und wundern sich über seine ungewöhnliche Heiterkeit. Die bösartige Ironie bemerken sie nicht.

Wotan und die anderen Götter sind nicht die Schöpfer der Welt. Sie sind nicht allmächtig, nicht allwissend und auch nicht besonders barmherzig. Von einem einzigen allmächtigen Gott ist keine Rede.

Das Wort »heilig« findet man allerdings im Text des Märchens ziemlich oft. Auffallend ist der Gebrauch, wenn es um eine rechtliche Auseinandersetzung oder die Hervorhebung einer zu respektierenden Rechtsposition geht. Hunding spricht von der Heiligkeit seines Hauses und seines Herdes, als er Siegmund Gastrecht gewährt. Siegfried und Brünnhilde leisten Eide bei dem zu diesem Zweck als heilig bezeichneten Speer Hagens, als sich Siegfried nach der gelungenen Entführung und Ankunft in Gunthers Residenz gegen den Vorwurf Brünnhildes wehrt, er habe ihr den Ring geraubt, ihr Lust und Liebe abgezwungen und mithin nicht nur sie, sondern auch seinen Blutsbruder Gunther hintergangen. Hagen tötet Siegfried mit dieser Waffe und beansprucht an dem Ring ein durch den falschen Eid Siegfrieds begründetes heiliges Beuterecht. Er schiebt, nebenbei bemerkt, noch ein anderes Argument nach: Der Ring gehöre nicht zu Siegfrieds Nachlass, sondern werde von ihm, Hagen, als Eigentum seines Vaters Alberich gefordert. Ein interessantes Problem für rheinische Juristen: Alberich hat den Ring immerhin hergestellt, wenn auch aus gestohlenem Gold. Wie eigentlich sollen Wotan, Fasolt, Fafner, Siegfried, Brünnhilde, Gunther oder Gutrune Eigentum erworben haben?

Fafner wird von Alberich vor Siegfried mit den Worten gewarnt: »Ein starker Helde naht, dich heil'gen will er bestehn.« Ist das Ausdruck des schon in Ehrfurcht übergehenden Respekts vor einem reichen, mächtigen und erbarmungslosen Ungeheuer, einem wahrlich großen Mörder? Das erscheint leider nicht ganz abwegig. Unabhängig davon, ob Alberich Respekt bzw. Ehrfurcht nur heuchelt, gibt es allerdings noch eine andere mögliche und sogar naheliegende Deutung: Der Angriff auf Fafner, zu dem Siegfried durch Mime aufgehetzt wurde, verstößt selbst in der rauen Welt der Rheinländer gegen geltendes Recht. Ob Lindwürmer als eine von Ausrottung bedrohte Tierart gesetzlich geschützt sind, ist zwar nicht bekannt. Aber die Person Fafner dürfte trotz krimineller Vergangenheit und Verwandlung in ein Ungeheuer immer noch unter dem Schutz der von dem Gott Wotan mit Riesen und Zwergen geschlossenen Verträge stehen, also in diesem Sinne »heilig« sein.

Nach der Götterdämmerung

Ein letzter Blick auf das märchenhafte Geschehen im Rheinland:

Bekanntlich führt bereits Siegfried den Zusammenbruch der Macht der Lichtalben herbei, indem er Wotans Speer zerstört. Äußerungen Wotans und Brünnhildes deuten an, dass beide in der zeitlich späteren Unschädlichmachung von Alberichs Ring so etwas wie Erlösung für Gott und Welt erkennen. Mit dem Brand von Walhall wird der Untergang der bis dahin bestehenden polytheistischen Religion sichtbar. Die weitere Entwicklung könnte dennoch in mancher Hinsicht Ähnlichkeit mit derjenigen in Mittelerde nach dem Abschied der Elben haben.

Die Götterdämmerung ist nach Ansicht der meisten Märchenforscher kein totaler Weltuntergang. Es beginnt die Herrschaft der Menschen. Sie müssen nun ohne die als Götter verehrten Lichtalben auskommen. Welche religiösen Vorstellungen sie entwickeln, bleibt offen. Riesen gibt es nach dem Tod Fafners anscheinend nicht mehr. Die überlebenden Schwarzalben müssen sich in die Gesellschaft der Menschen eingliedern, wenn sie nicht aussterben oder sich verbergen, also in den Untergrund gehen wollen. Es spricht nichts gegen die Annahme, dass tüchtige Zwerge viel zur Industrialisierung des Rheinlandes beitragen können. Alberich zum Beispiel dürfte die Integration nicht schwerfallen, wenn er erst den endgültigen Verlust des Ringes und den Tod seines Sohnes Hagen verschmerzt hat. Er hat es als Bergwerksbesitzer und Fabrikant zu einigem Wohlstand gebracht. Durch Einsatz von Gold konnte er intime (wenn auch völlig lieblose) Beziehungen zu einer Frau aus einer vornehmen Familie der Menschen anknüpfen. Auch deutet nichts darauf hin, dass gegen ihn etwa wegen Diebstahls des Rheingoldes und Anstiftung zur Ermordung Siegfrieds strafrechtlich vorgegangen wird. Die Justiz des Rheinlandes lässt es, so meint ein Jurist, der sich mit der strafrechtlichen Analyse der Handlung des »Rheingold-Märchens« befasst hat, an der Aufarbeitung des furchtbaren Geschehens wahrscheinlich bis zum Ablauf aller Verjährungsfristen fehlen. Aber die meisten Straftäter sind am Ende des Märchens sowieso nicht mehr am Leben.

Auch das Rheinland verliert am Ende der Geschichte einiges von seinem märchenhaften Charakter und wird der realen Welt ähnlicher. Man könnte hier ebenfalls sagen, dass mit der Unschädlichmachung des fluchbeladenen Ringes ein großes Übel beseitigt ist, in Zukunft jedoch andere Übel kommen können.

Vielleicht gibt es auch am Rhein nach der Götterdämmerung noch ein magisches Objekt, das einer Regierung zur heimlichen Beobachtung von Land und Leuten dienen kann. Über die Vernichtung des Tarnhelms im Zusammenhang mit der Unschädlichmachung des Ringes sind wir nicht informiert.

Der Letzte Ringkongress

Als anerkannte und offiziell geförderte Wissenschaft konnte sich die Ringkunde auf die Dauer nicht etablieren.

Ihre Verteidiger machten vergebens geltend, sie sei ein wichtiges Teilgebiet der Wissenschaft von den magischen Gegenständen im weitesten Sinne, angesiedelt im Grenzbereich zwischen Märchenkunde, Geschichtswissenschaft, Naturwissenschaften, Ingenieurwissenschaft, Volkswirtschaftslehre, Philosophie, Juristerei und Medizin und vielleicht sogar Theologie. Die Vertreter der genannten angrenzenden Wissenschaften ließen sich nicht beeindrucken. Keiner zeigte Interesse an der Aufnahme fachübergreifender Beziehungen zur Ringkunde.

Im Zeitalter der knappen Haushaltsmittel setzte sich irgendwann die Einsicht durch, dass man die Beschäftigung mit einem mäßig interessanten Märchenmotiv eigentlich nicht öffentlich fördern müsse. Die Versuche, durch Anknüpfung an märchenhafte Überlieferung ein angebliches Rätsel der quasimagischen Ringe und der Ringdämmerung zu lösen, hatten sich nach allgemeiner Meinung nicht gelohnt.

Die letzten Ringforscher standen vor der Wahl, sich zur Ruhe zu setzen oder sich ein anderes Tätigkeitsfeld zu suchen. Aber sie wollten beides nicht völlig sang- und klanglos tun. Es fand ein Abschiedstreffen statt: der sogenannte Letzte Ringkongress.

Bei diesem Treffen trat zur allgemeinen Überraschung ein Teilnehmer mit der folgenden Theorie über die sogenannte Ringdämmerung hervor, nachdem er mit Hilfe seiner Assistentin, einer ausgebildeten Juristin, über den Inhalt uralter Dokumente berichtet hatte, die bei der Entrümpelung eines Dachbodens zufällig entdeckt worden seien:

Während der Diktatur trugen die Mitglieder einer dem Regime fanatisch ergebenen Gemeinschaft Ringe als Parteiabzeichen. Sie veränderten, so glaubten viele, auf übernatürliche Weise die Persönlichkeit der Träger. Diese übernahmen kritiklos und ohne moralische Bedenken die von oben verbreiteten Anschauungen darüber, was falsch oder richtig und wer als Freund oder Feind zu behandeln war. So erklärt sich die Hemmungslosigkeit, mit der viele Ringträger besonders während des Krieges Verbrechen begingen. Soweit dafür eine weit verbreitete und tief sitzende Überzeugung von der Kraft der Ringe entscheidend war, kann man von quasimagischen Objekten sprechen. Der Ausgang des Krieges, verbunden mit der Änderung der politischen und gesellschaftlichen Verhältnisse, untergrub den Glauben an die Ringe und sorgte dafür, dass sie verschwanden. Die für viele peinliche Erinnerung an sie lebte nur noch in dem Ausdruck »Ringdämmerung« weiter. Weil vermieden wurde, über die Ringe und ihre Bedeutung für die eigene Vergangenheit zu sprechen, verstand man dessen Sinngehalt mit der Zeit nicht mehr richtig.

Die schlimmen Wirkungen solcher quasimagischen Objekte erscheinen märchenhaft vergrößert in der Beschreibung der zu Ringgeistern gewordenen Menschen, denen Sauron Ringe überlassen hatte. Verglichen mit Angehörigen anderer sprechender Völker von Mittelerde, etwa Zwergen oder auch Hobbits, konnten Menschen der von ihnen ausgehenden Versuchung bekanntlich besonders schlecht widerstehen. Sie verwandelten sich in Saurons unbedingt ergebene Diener, seine grausamsten Gehilfen bei der versuchten Eroberung von Mittelerde. Die Ringgeister verbreiteten Furcht und Schrecken. Ihr Anführer konnte durch sein Erscheinen bewirken, dass Saurons Armee von Raserei gepackt wurde, während Furcht selbst die kühnsten unter den Verteidigern befiel.

Zur Vorgeschichte der Diktatur und des realen Kriegs gehörte, dass die für ihn verantwortliche Partei schon während ihres Kampfes um die Macht Ringe als Abzeichen unter den Anhängern ihrer Ideologie verbreitet hatte. Aber die nach langer Zeit entdeckten Aufzeichnungen über den ebenfalls zu dieser Vorgeschichte gehörenden Prozess der Ringfirmen sprechen dafür, dass es ursprünglich auch andere quasimagische Ringe gab, nämlich solche, die nach Überzeugung vieler das Befinden und Verhalten ihrer Träger wohltätig beeinflussten. Die erklärten, wenn auch nicht immer erreichten Ziele derjenigen, die sie herstellten und verteilten, ähnelten in mancher Hinsicht den Zielen, die im Märchen mit den im Besitz von Gandalf, Galadriel und Elrond verbliebenen Elbenringen verfolgt wurden.

Irgendwann setzten sich hierzulande unglücklicherweise die bösartigen Ringe der Macht durch. Gutartige quasimagische Ringe existierten zur Zeit des Krieges allenfalls noch im Untergrund oder im Ausland. Auch dort ging der Glaube an eine wohltätige, insbesondere friedensfördernde Kraft, der für die Existenz und Wirksamkeit solcher quasimagischen Objekte erforderlich war, jedoch zuletzt unter. Längst aufgekommene Zweifel gewannen überall an Gewicht. Die allgemeine Ernüchterung war nach dem Krieg so stark, dass man die frühere Existenz dieser Objekte und den Glauben an ihre Wirksamkeit einfach vergessen wollte.

Auch das scheint auf uns unbekanntem Weg in die märchenhafte Überlieferung eingegangen zu sein. Als Saurons herrschender Ring und die von ihm ausgegebenen schwächeren Ringe vernichtet wurden, verloren die drei Elbenringe ebenfalls ihre magische Kraft.

Welche Beziehung mag zwischen den Familienringen und den von Ringfirmen verbreiteten Objekten bestanden haben? Diese interessante Frage lässt sich leider nicht eindeutig beantworten.

Eine Abschrift der im Erbscheinsverfahren ergangenen uralten Entscheidung war dem mit dem Wettbewerbsprozess befassten Gericht von einem späten Nachfahren der Erblasserin zugeleitet worden. Er hatte dies mit Informationen über die in folgenden Generationen fortgesetzte Ringtradition verbunden, aber ausdrücklich betont, er selbst und andere ihm bekannte Angehörige der inzwischen weit verzweigten Familie besäßen zwar entsprechend dieser Tradition Ringe, hätten aber mit den von Ringfirmen vertriebenen Produkten nichts zu tun.

Abschied

Die anderen Kongressteilnehmer hatten sich das alles nicht ohne Anzeichen von Ungeduld angehört. Sie äußerten Zweifel an der Echtheit, dem Wahrheitsgehalt und der Beweiskraft der Informationen über früher existierende Ringfirmen und einen längst vergessenen Wettbewerbsprozess. Dies alles sei vorerst nicht nachprüfbar. Der Prozess sei weder durch Gerichtsakten noch durch eine irgendwann bekannt gewordene Entscheidung belegt. Es bedürfe weiterer Anhaltspunkte dafür, dass die umstrittenen Ringe in der Vergangenheit tatsächlich existiert hätten und aus den behaupteten Gründen verschwunden seien.

Der Vertreter der neuen Ringtheorie bemerkte, die nach seiner Ansicht beweiskräftigen, aber in schlechtem Zustand befindlichen Originaldokumente halte er vorläufig an einem sicheren Ort unter Verschluss. Seine Assistentin habe sich die wichtigsten Informationen aus den Texten in Stichworten notiert und einiges auch wörtlich abgeschrieben.

Zu den sogenannten Familienringen vertraten fast alle die Ansicht, die in dem ursprünglichen Erbfall umstrittenen Ringe könnten weder als echte magische noch als quasimagische Objekte eingeordnet werden. Echte magische Ringe kämen nun einmal nur im Märchen vor. Was über den Erbschaftsstreit bekannt geworden sei, spreche auch nicht gerade dafür, dass die Überzeugung von einer wohltätigen übernatürlichen Wirkung allgemein bestanden habe oder wenigstens weit verbreitet gewesen sei. Für die Ringe, die man angeblich in späteren Generationen nach dem Vorbild der Ringe der Erblasserin hergestellt habe, seien solche Zweifel ebenfalls nicht ausgeräumt. Wenn es solche Objekte früher einmal gegeben habe, seien sie offenbar inzwischen ebenso verschwunden wie die Produkte der Ringfirmen.

Abschließend legte die Versammlung trotz weiterhin bestehender Bedenken gegen die neue Ringtheorie ihrem Vertreter höflich nahe, sie in einem letzten Beitrag zur Ringkunde ausführlich darzustellen und möglichst auch Alberichs Ring einzubeziehen. Ob diese Empfehlung ernst gemeint war? Die Zeit der Ringkunde war abgelaufen. In der Öffentlichkeit hatte man jedes Interesse an ihr verloren. Die Kongressteilnehmer wussten das, als sie auseinandergingen. Sie ließen beim Abschied mehr oder weniger deutlich erkennen, dass sie sich nunmehr anderen Dingen zuwenden wollten. Ein weiteres Treffen wurde nicht vereinbart und fand nicht statt.

Wenige Tage nach dem Letzten Ringkongress wurde bekannt, die auf einem Dachboden entdeckten Dokumente seien inzwischen durch einen Brand und anschließenden Einsatz von Löschwasser am Aufbewahrungsort irreparabel zerstört worden. Niemand brauchte mehr darüber nachzudenken, ob eine fachmännische Untersuchung vielleicht beweiskräftige Feststellungen zum Entstehungszeitpunkt und zur Echtheit ermöglicht hätte.

Anhang

Hat sich die Suche nach einer Verbindung zwischen den großen Ringmärchen und ihren Botschaften gelohnt? Das mag jeder Leser selbst beurteilen. Für diejenigen, die trotz eventueller Enttäuschung etwas mehr über die Arbeit der Ringforscher und den Inhalt angeblich gefundener und im Original leider nicht einsehbarer juristischer Texte erfahren möchten, hier noch etwas einschlägiges Material:

I. Besuch einer Ausstellung

Während der kurzen Blütezeit der Ringkunde gab es im damals bestehenden Institut für Märchenkunde und historische Mythologie nicht nur eine Bibliothek, in der z. B das »Handbuch der magischen Gegenstände« einzusehen war. Irgendwo hatte man auch Modelle magischer Ringe aus noch anderen als den oben besprochenen großen Märchen ausgestellt. Der Katalog enthielt zum Beispiel folgende Eintragungen:

»ALADINS RING
  Echtes magisches Objekt des Typs A.
  Quelle: die Erzählung ›Aladin und die Wunderlampe‹ aus einer Märchensammlung des Südostens.
  Verfasser: unbekannt.
  Echte Ringe dieses Typs ermöglichen, und zwar oft mit Hilfe eines dienstbaren Geistes, der durch das Anstecken oder Drehen des Ringes herbeigerufen wird, die nur durch Zauber erklärbare Inanspruchnahme von Leistungen, zum Beispiel Warenlieferungen oder übernatürlich schnellen Transporten. Die Leistungen können schnell und unbürokratisch abgerufen werden.
  NB: Warnung an leichtfertige Besucher der Märchenwelt. Es gibt Märchen, in denen für den Erwerb von Zaubermitteln, für ihre zeitweilige Überlassung zum Gebrauch oder für die mit ihrer Hilfe in Anspruch zu nehmenden Leistungen eine bedeutende Gegenleistung gefordert wird, beispielsweise die Abtretung des eigenen Schattens, des eigenen Spiegelbildes, der Fähigkeit zum

Lachen oder sogar der eigenen Seele nach Ablauf einer bestimmten Vertragszeit. Solche Angebote stammen von nicht vertrauenswürdigen Anbietern. Wenn es dabei um Ringe geht, handelt es sich allem Anschein nach um solche des für den Anwender und auch andere gefährlichen Typs S.

Die im Titel des Märchens genannte Wunderlampe ist ebenfalls ein echtes magisches Objekt des Typs A. Die Kräfte des zur Erbringung magischer Leistungen herbeigerufenen Dieners der Lampe sind größer als diejenigen des Dieners des Ringes. Der Titelheld benutzt beide Zaubermittel, um sich aus kritischen Situationen zu retten, reich zu werden und eine Fürstentochter zur Frau zu gewinnen.

Märchenhafte Darstellung eines historischen Vorgangs ist nicht nachweisbar und wurde, soweit ersichtlich, auch noch nie behauptet.

Allegorische Bedeutung des Ringes und/oder der Lampe ist nicht nachweisbar. Zwar wurde einmal zur Diskussion gestellt, mit dem Hinweis auf die magische Kraft des Beleuchtungskörpers bringe das Märchen zum Ausdruck, bei rechtem Gebrauch übertreffe die erhellende Macht der menschlichen Vernunft die Macht eines so altmodischen magischen Gegenstandes wie des Ringes. Heute ist man sich jedoch darüber einig, dass die Vernunft gegenüber irrationalen Vorstellungen ziemlich oft den Kürzeren zieht. Ein anderer Versuch, das Märchen und die in ihm vorkommenden magischen Objekte allegorisch zu verstehen, lautete dahingehend, der magische Ring stehe sinnbildlich für eine uralte Erfindung des Menschen, nämlich diejenige des Rades. Demgegenüber sei die Macht der Wunderlampe ein märchenhafter Hinweis auf die mit Hilfe des Lichtes und der Elektrizität bewirkten technischen Wunder der modernen Welt. Das heutige allgemeine Urteil darüber: interessant, aber abwegig.«

»RING DES GYGES

Echtes magisches Objekt des Typs B. Eine noch relativ harmlose Variante des Typs A.

Quelle: ein Märchen aus dem Südosten.

Verfasser: unbekannt.

Mit einem Ring dieses Typs erreicht der Anwender eine nur durch Zauber erklärbare Veränderung bestimmter Fähigkeiten, seines Erscheinungsbildes oder seines Befindens. Eine tiefgreifende Veränderung der Persönlichkeit, also des Charakters, muss mit dem Besitz und Gebrauch nicht verbunden sein. Missbrauch der magischen Kraft ist allerdings nicht ausgeschlossen. Aber das gilt auch für magische Objekte des Typs A und, wie man inzwischen vermutet, sogar für solche des Typs G.

Der Titelheld des Märchens kann sich durch Aufsetzen des Ringes unsichtbar machen. Er benutzt ihn, um sich in das Schlafzimmer einer vornehmen Dame einzuschleichen und sie unsichtbar ohne ihr Wissen und Einverständnis in voller Schönheit zu betrachten. Merkwürdigerweise handelt er dabei nicht nur mit dem Einverständnis, sondern sogar auf ausdrücklichen Wunsch ihres Ehemannes, des Herrschers des betreffenden Landes, der vor ihm mit seiner attraktiven Frau geprahlt hat. Da Gyges sich etwas zu früh wieder sichtbar macht, bemerkt die Dame den bösen Streich. Sie ist höchst empört. Gyges sieht sich dadurch gezwungen, ihren Ehemann zu töten, ihn als Herrscher abzulösen und sie selbst zu heiraten.

Man darf dieses Ende der Geschichte als tragisch bezeichnen. Die meisten Ringforscher geben aber nicht dem Ring die Schuld. Seine Einordnung als Objekt des Typs B bleibt nach überwiegender Meinung gerechtfertigt.

Märchenhafte Darstellung eines historischen Vorgangs: möglicherweise eine Palastintrige und der daraus resultierende gewaltsame Sturz eines Fürstenhauses in einem südöstlichen Land vor sehr langer Zeit. Es wird bezweifelt, dass in der Realität ein Ring die entscheidende Rolle spielte.

Allegorische Bedeutung des Ringes ist bisher nicht nachgewiesen.«

»BILBOS RING

Echtes magisches Objekt des Typs B? Diese Einordnung wird angezweifelt wegen wahrscheinlicher Identität mit SAURONS RING (s. d.).

Quelle: das Märchen ›Der Hobbit‹.

Verfasser: J. R. R. Tolkien.

Ein Hobbit namens Bilbo kann sich durch Aufsetzen des Ringes unsichtbar machen. Dem Auge entzogen verfügt er auch über ein geschärftes Wahrnehmungsvermögen und versteht die Sprache von Monstern wie Riesenspinnen und Drachen. Wie Aladin rettet sich Bilbo mit Hilfe des Ringes aus gefährlichen Situationen und gewinnt Reichtümer. Im Gegensatz zu Aladin und Gyges bleibt er Junggeselle.

Sein Ring wäre ohne weiteres dem Typ B zuzuordnen, gäbe es nicht Tolkiens großen Märchenroman ›Der Herr der Ringe‹ als Fortsetzung. Dort zeigt sich, dass das betreffende Objekt noch ganz andere Eigenschaften besitzt, und zwar solche, die es als besonders mächtigen und gefährlichen Ring vom Typ S kennzeichnen. Dieser Ring muss unbedingt vernichtet werden, wenn Mittelerde nicht dem Unhold Sauron zum Opfer fallen soll, der ihn vor langer Zeit hergestellt, aber irgendwann verloren hat.

Einige Märchenforscher halten die Gleichsetzung von BILBOS RING mit SAURONS RING allerdings für problematisch. In dem für Kinder geschriebenen Märchen über Bilbo fehlen dem Ring noch die charakteristischen Eigenschaften eines bösartigen Ringes der Macht. Er erhält sie genau genommen erst in der für Erwachsene geschriebenen Fortsetzung. Tolkien hat erklärtermaßen als Herausgeber die abschließende Bearbeitung von Erzählungen vorgenommen, die sich als Erlebnisberichte verschiedener Personen darstellen. Diese Personen tragen den gleichen Familiennamen. Sie werden als miteinander verwandt bezeichnet und sollen vor sehr langer Zeit in Mittelerde gelebt habe. Die beiden Erzählungen lassen stilistisch bedeutende Unterschiede erkennen. Es wird diskutiert, ob sie etwa erst im Laufe der Zeit (schon durch Bearbeiter vor Tolkien?) miteinander zu einer einheitlichen Geschichte verwoben wurden.

Wegen dieser Zweifel hat man sich dafür entschieden, ein Modell von BILBOS RING gesondert von dem Modell von SAURONS RING aufzustellen.

Märchenhafte Darstellung eines historischen Vorgangs wurde von Tolkien bestritten und ist nicht nachweisbar.

Allegorische Bedeutung des Ringes ist angesichts der von Tolkien geäußerten Abneigung gegen Allegorie nicht anzunehmen.«

Zuletzt noch die Eintragung zu dem vielleicht fragwürdigsten Objekt der Sammlung:

»DER RING DES LANDVOGTS

Im weitesten Sinne magisches Objekt des Typs S?
Angebliche Quelle: die ›Sage vom Ringstechen‹.
Verfasser: unbekannt.

Der Originalring befindet sich in sagenhafter Vergangenheit auf einem Dorfplatz, und zwar auf Grund der Anordnung eines tyrannischen örtlichen Machthabers, alle Passanten hätten das ›auf hoher Säule‹ befestigte Objekt mit entblößtem Kopf und gebeugtem Knie zu verehren. Die Missachtung dieses Gebots ist mit schwerer Strafe bedroht, und zwar als Beleidigung der Majestät des Königs, den der Tyrann in dem fraglichen Landstrich als sog. Landvogt vertritt. Nach einer erfolgreichen Revolution und dem Tod des Landvogts wird der Ring nicht vernichtet, sondern als Zeichen der Freiheit aufbewahrt.

Bei der ›Sage vom Ringstechen‹ handelt es sich um eine höchst fragwürdige Überlieferung. Man weiß nichts Genaues über Entstehungszeit und Verfasser. Manche vermuten, die Originalsprache des Textes sei ebenso wie diejenige des Rheingold-Märchens Hochgotisch gewesen. Der auf hoher Säule befestigte Gegenstand spielt in der Handlung eine wichtige Rolle. Aber viele halten ihn heute nicht mehr für ein magisches Objekt im weitesten Sinne. Die einzige magische und für eine Zuordnung zum Typ S sprechende Wirkung könnte sich darin gezeigt haben, dass die grausame Reaktion des Landvogts auf einen Verstoß gegen seine Anordnung jeder Vernunft spottet, wenn man die Interessenlage eines kühl kalkulierenden und dementsprechend auf Beruhigung der Untertanen bedachten Tyrannen in Betracht zieht.

Sogar die Richtigkeit des Titels der Sage wird neuerdings bezweifelt. Der fragliche Gegenstand war möglicherweise gar kein Ring. In einer alten Handschrift, die vor einiger Zeit auftauchte, lesen Schriftkundige eine andere Bezeichnung: ›Hut‹. Das Ringmodell wurde angefertigt, bevor man das wusste.«

Übrigens soll einmal daran gedacht worden sein, im Institut für Märchenkunde und historische Mythologie auch Modelle des Tarnhelms, des Palantirs und eines entfernt ähnlichen magischen Objekts aufzustellen, nämlich des Erinnerungsspeichers aus dem Büro des Schulleiters einer renommierten Lehranstalt für junge Zauberer und Hexen. Das ließ sich nicht mehr verwirklichen. Aber in der realen Welt geschieht auf den Gebieten der geheimen Beobachtung, Datensammlung und Datenspeicherung bekanntlich viel dafür, dass der an sich uneinholbare magisch-technologische Vorsprung der Märchenwelt nicht zu groß wird.

Wundert sich jemand darüber, dass ein Modell von Nathans Ring nicht als Bestandteil der Sammlung erwähnt wird? Die Ringforscher hätten diesen Ring, wenn sie das Gleichnis gekannt hätten, nicht als echtes magisches Objekt eingeordnet. Vielleicht ist das Gleichnis als solches auch nie in ihrem Land erzählt worden, oder es wurde während der Diktatur erfolgreich unterdrückt.

II. Ringe vor Gericht

A. Der uralte Erbfall

Die Begleiterin des Ringforschers, der die neue Theorie bei dem Abschiedstreffen vortrug, erwog ursprünglich, den von ihr mit Leitsätzen und einer Anmerkung versehenen Beschluss des Nachlassgerichtes bei einer Fachzeitschrift zur Veröffentlichung einzureichen. Sie nahm davon Abstand, da sie inzwischen als Anwältin tätig war und sich von skeptischen und der Ringkunde überwiegend ablehnend gegenüberstehenden Kollegen nicht entgegenhalten lassen wollte, sie behellige die Fachwelt mit einem in den Einzelheiten konstruiert wirkenden und für die heutige Praxis völlig bedeutungslosen Erbrechtsfall, dessen Echtheit angesichts des behaupteten weit zurückliegenden Datums bezweifelt werden müsse.

Denen, die sich für merkwürdige Ringe auch juristisch ernsthaft interessieren, wollte sie allerdings den folgenden Text nicht vorenthalten:

»**Problematische Echtheit und Wirksamkeit angeblich magischer Ringe, Testamentsauslegung, Beweisanforderungen im Erbscheinsverfahren.**

(Leitsätze nicht amtlich.)

1. Ein im Ausland errichtetes sog. Sieben-Zeugen-Testament ist, wenn die am Errichtungsort geltenden Vorschriften diese Testamentsform vorsehen, auch

dann formgültig, wenn der Erblasser als Inländer nach seinem Heimatrecht beerbt wird.
2. Setzt ein Erblasser eines seiner beiden Kinder als Alleinerben ein, ohne im Testamentstext anders als durch Hinweis auf die erfolgte Zuwendung eines bestimmten Ringes anzudeuten, um wen es sich handelt, so ist, wenn sich der dahingehende Wille des Erblassers feststellen lässt, der überlebende Ehegatte auch dann wirksam als Erbe ausgeschlossen, wenn beide Kinder von dem Erblasser völlig gleichartige Ringe erhalten haben und kein durch den Besitz seines Ringes ausgewiesener Alleinerbe ermittelt werden kann.
3. Die letztwillige Verfügung kann in diesem Fall dahin gewürdigt werden, dass sich die Kinder in ihrem Verhältnis zueinander kraft Gesetzes oder nach dem wenigstens andeutungsweise im Testament zum Ausdruck gekommenen Willen des Erblassers als Miterben zu gleichen Teilen behandeln lassen müssen.

(Beschluss des Nachlassgerichts O.- NdW III/7 – vom 10.02.9011)

Aus den Gründen:
»... Als Staatsangehörige unseres Landes wird die Erblasserin nach hiesigem Recht beerbt. Ihr im Ausland errichtetes Testament, mit dem sie eine am Ort der Errichtung zugelassene Testamentsform eingehalten hat, ist jedoch formgültig. ...
Es ist auch von Testierfähigkeit der Erblasserin auszu-

gehen. Zwar ist das Testament, soweit es auf Erbeinsetzung einer bestimmten Einzelperson lautet, höchst seltsam formuliert, und das bringt Probleme der Tatsachenfeststellung, Auslegung und Durchführbarkeit mit sich. Die Beweisaufnahme hat jedoch keine Anhaltspunkte für eine krankhafte Störung der Geistestätigkeit ergeben, die die Erblasserin an der Errichtung einer wirksamen letztwilligen Verfügung hätte hindern können. Nach Bekundung aller Personen, die sie kannten, war sie eine sehr energische und etwas eigensinnige, aber hochintelligente und in jeder Hinsicht, besonders auch in geschäftlichen Dingen, hellwache alte Dame. ...

Ihren Ehemann hat die Erblasserin durch die umstrittene letztwillige Verfügung als Erben ausgeschlossen. Ihren dahingehenden Willen haben die Testamentszeugen, gegen deren persönliche Glaubwürdigkeit keine Bedenken ersichtlich sind, glaubhaft bestätigt. Er ist in dem Text der Urkunde wenigstens andeutungsweise zum Ausdruck gekommen. Das genügt für die Testamentsauslegung. Mit diesem Inhalt ist das Testament unabhängig davon aufrechtzuerhalten, ob sich die Alleinerbenstellung eines der Kinder feststellen lässt, d. h., die auf Bezeichnung eines einzigen Erben gerichtete letztwillige Verfügung insoweit wirksam und durchführbar erscheint.

Die vorliegenden Anträge des Sohnes und der Tochter können allerdings keinen Erfolg haben. Denn keines der beiden Kinder ist als Empfänger des sog. echten Ringes und dementsprechend als Alleinerbe zu identifizieren. Das Gericht hat nicht die sichere Überzeugung gewinnen können, dass der angeblich aus altem Familienbesitz stammende sog. echte Ring mit den ihm zugeschriebenen Eigenschaften überhaupt (noch) existiert, und vermag erst recht nicht zu entscheiden, welcher der beiden vorgelegten Ringe mit ihm eventuell identisch ist.

Der Versuch, mit Hilfe eines Sachverständigen den Originalring unter den vorgelegten beiden Ringen herauszufinden, ist gescheitert. Nach dem heutigen Stand der Technik ist es selbst mit noch so raffinierten Materialuntersuchungen unmöglich, die Herstellungszeit der Ringe einigermaßen exakt zu bestimmen. Wie es scheint, hat die Erblasserin zuletzt nicht einmal selbst gewusst, wem sie den ursprünglich im Familienbesitz befindlichen Originalring gab. Möglicherweise erwartete sie auch nicht, dass man nach ihrem Tod den Empfänger des echten Rings ermitteln werde. Das bedeutet: Das Testament könnte dazu gedient haben, ihrem in Wirklichkeit auf Erbenstellung beider Kinder gerichteten Willen auf einem etwas eigenartigen Weg Geltung zu verschaffen, wobei formal einer ihr offenbar unsympathischen Familientradition entsprochen wurde.

Oder hoffte die Erblasserin, nach ihrem Tod werde der echte Ring den als Alleinerben würdigsten Träger finden und kenntlich machen? Wären die Geschwister sich darüber einig, wer von ihnen den echten Ring besitzt und dadurch zum Alleinerben qualifiziert ist, könnte man die Erteilung eines entsprechenden Erbscheins zugunsten dieser Person tatsächlich erwägen. Aber diese etwaige Hoffnung der Erblasserin hat sich nicht erfüllt. Die Geschwister sind sich nicht einig, und an keinem von ihnen ist die angebliche Kraft des echten Rings derart deutlich hervorgetreten, dass mit ihrer Hilfe ein Erbe identifiziert werden kann.

Möglicherweise ist mit dem echten Ring, dessen rechtmäßiger Besitz seinen Träger zum Erben qualifiziert, wirklich nur ein solcher gemeint, der nachweisbar die ihm zugeschriebene wunderbare Kraft entfaltet. Die Erblasserin hat sich bis zuletzt geweigert, den bei der Testamentserrichtung hinzugezogenen Zeugen den Namen des Erben mitzuteilen, gleichzeitig aber die Erwartung geäußert, der Empfänger des echten Ringes werde sich ihrem anderen Kind gegenüber fair verhalten. Das kommt als Anhaltspunkt für eine solche Auslegung in Betracht. Den Vorzug vor dem anderen Kind soll nur erhalten, wer durch den ihm übergebenen Ring, wenn er ihn in dieser Zuversicht trägt, vor Gott und Menschen angenehm ist. Hat der ursprünglich im Besitz der Erblasserin befindliche Ring, von dem das Duplikat gefertigt worden ist, in Wirklichkeit diese Kraft nicht, ist er nicht echt und sein jetziger Träger auch nicht Alleinerbe. Umgekehrt könnte sogar gelten: Besitzt aus einem unbekannten Grund der später hergestellte Ring die betreffende Kraft, ist er echt und sein Empfänger nach dem im Testament wenigstens andeutungsweise hervorgetretenen Willen der Erblasserin Erbe. Sollte es wider Erwarten zwei echte Ringe im obigen Sinne geben, könnte es auch durchaus dem Willen der Erblasserin entsprechen, dass die beiden Empfänger Miterben sind.

Das Gericht sieht aber nicht, wie irgendwann im Streitfall der Beweis erbracht werden soll, dass ein bestimmter Ringträger nicht nur vor den Menschen, sondern auch vor Gott angenehm ist, und dass beides mit der wunderbaren Kraft seines Ringes zusammenhängt. Soweit bekannt, hat bisher kein Theologe oder sonstiger Religionssachverständiger behauptet oder gar bewiesen, dass die Eigenschaft, vor Gott angenehm zu sein, durch den Besitz eines bestimmten Ringes begründet werden kann.

Ein auf das Testament gestützter Erbschein, der den Sohn oder die Tochter als Alleinerben ausweist, kann also nicht erteilt werden. Die letztwillige Verfügung erweist sich, soweit sie auf Einsetzung eines einzigen durch den Besitz des echten Ringes qualifizierten Erben gerichtet ist, als undurchführbar. Es muss unter diesen Umständen bei der gesetzlichen Erbfolge bleiben, allerdings unter Ausschluss des Ehegatten, denn dieser sollte eindeutig nicht Erbe werden. Das bedeutet, dass die Kinder der Erblasserin Miterben zu gleichen Teilen sind. Auf entsprechenden Antrag können sie einen dahingehend lautenden gemeinschaftlichen Erbschein erhalten. Vermutlich hat die Erblasserin für den Fall, dass ein Träger des echten Ringes als Alleinerbe nicht ermittelt werden kann, genau dies auch gewollt.

Sie hat offenbar keines ihrer Kinder weniger als das andere geliebt. Weiterhin den jeweils eigenen Ring für echt zu halten, ist ihnen, wie nur am Rande bemerkt sei, dadurch nicht verwehrt. Sie können versuchen, die zur Echtheit gehörige Kraft glaubhaft zu machen, nämlich ihr mit Sanftmut, Verträglichkeit, Wohltun und Ergebenheit in Gott zu Hilfe zu kommen. Aber bei einem darauf gerichteten Wettbewerb sollten sie sich besser nicht von dem Bestreben und der Hoffnung leiten lassen, nachträglich die gerichtliche Anerkennung der Alleinerbenstellung nach der Erblasserin zu erreichen. Glaubhaftmachung ist nun einmal weniger als der volle Beweis. Die in dieser Hinsicht bestehende Lücke lässt sich höchstwahrscheinlich nicht vor dem Jüngsten Tag schließen.

Zum einen dürfte ein Wettbewerbsverhalten, mit dem erkennbar oder jedenfalls nach Vermutung anderer das Interesse an einer Vorzugsstellung verfolgt wird, in der genannten Richtung nicht sehr überzeugend wirken. Wer keinen Zweifel daran gelten lässt, dass er allein den echten Ring besitzt und ihm deshalb die Vorzugsstellung gebührt, ruft vielmehr genau dadurch Zweifel daran wach, dass sich die Kraft des echten Ringes an ihm auswirkt. Ein auf dieser Einstellung beruhendes Verhalten hat möglicherweise eher zur Folge, dass die Ringträger, gestützt auf die jeweilige Überzeugung von eigener moralischer Überlegenheit, einander Verachtung, Misstrauen, Furcht und möglicherweise sogar Hass entgegenbringen.

Zum anderen dürfte der Beweis, durch die Kraft eines bestimmten Ringes angenehm vor Gott zu sein, auch in Zukunft daran scheitern, dass nach der Verfassungsordnung zumindest dieses Landes die Gerichte unabhängig von der Glaubenshaltung des einzelnen Richters zur religiösen Neutralität verpflichtet sind. Das im Erbscheinsverfahren zur Entscheidung berufene Gericht kann nicht einmal zur Frage, ob Gott existiert oder nicht existiert, die Richtigkeit einer bestimmten Aussage als offenkundig, gerichtsbekannt oder positiv bewiesen feststellen.

Anmerkung:
Das Datum der Entscheidung ist unklar; es passt nicht zur heutigen Zeitrechnung. Aber der Fall war offenbar vor sehr langer Zeit anhängig. Die Entscheidung soll

nicht angefochten worden sein. Vielmehr teilten sich die beiden Kinder den Nachlass nach Maßgabe eines nunmehr für beide beantragten Erbscheins.

Anscheinend war schon damals die Auffassung herrschend, dass ein im Ausland errichtetes und dortigen Formvorschriften entsprechendes Testament eines Inländers als formgültig anzuerkennen ist. Eine ausdrückliche gesetzliche Regelung dieses Inhalts existiert hier erst seit einigen Jahren. Auf der Grundlage des heute geltenden Rechtes hätte die Formgültigkeit des Testamentes vielleicht aber auch mit der Begründung bejaht werden können, dass ein sogenanntes Bürgermeistertestament oder ein den Anforderungen eines Drei-Zeugen-Testamentes im Übermaß gerecht werdendes Nottestament vorlag.

Das Testament wäre wohl auch heute nach der für letztwillige Verfügungen geltenden Andeutungstheorie dahingehend auszulegen, dass es den Ehemann jedenfalls von der Erbfolge ausschloss. Aber darüber hinaus lag keine wirksame Abweichung von der gesetzlichen Erbfolge vor, die die Erteilung eines Erbscheins zugunsten eines Alleinerben hätte rechtfertigen können. Ernsthaft erwägen könnte man allerdings unter anderem, ob die Erblasserin – was nach heutigem Recht unzulässig wäre – ihren Kindern die Entscheidung überließ, ob und mit welchem Inhalt ggf. die letztwillige Verfügung, soweit sie auf Einsetzung eines Alleinerben gerichtet war, gelten oder nicht gelten sollte. Sie könnte gewusst haben, dass es nicht gelingen würde, bei einem Streit um das Erbe ein bestimmtes Kind als Träger des einzigen sogenannten echten Ringes und damit als Alleinerben zu identifizieren.«

B. Nachdenkliche Richter

Während des langwierigen Wettbewerbsprozesses hatten die mit ihm befassten Richter Aufzeichnungen zur Vorbereitung von Verhandlungsterminen und als Grundlage für die Beratung im Kollegium angefertigt, die nicht zu den eigentlichen Gerichtsakten gehörten. Sie enthielten Angaben zum Sach- und Streitstand, so wie dieser sich von Termin zu Termin entwickelte, Gedanken zur Rechtslage und Vorschläge für das weitere Verfahren.

Dass diese sogenannten Voten im Gegensatz zu den Gerichtsakten nach dem wie auch immer gearteten Ende des Prozesses als Informationsquelle erhalten blieben, lag wohl daran, dass ein Mitglied der Zivilkammer sie zuhause in eigenen Unterlagen aufbewahrt und nach dem Ende des Prozesses nicht vernichtet hatte. Sie gehörten noch zu einer Zeit, als das Verfahren längst vergessen war und die Parteien nicht mehr existierten, zu den von ihm und späteren Hausbewohnern nicht entsorgten Abfallprodukten juristischer Berufstätigkeit.

Die Juristin, der die von einem Ringforscher zufällig entdeckten Schriftstücke viel später vorlagen, dachte daran, dass es zur Zeit des Prozesses unerlaubt gewesen wäre, durch Weitergabe derartiger interner Aufzeichnungen einzelner Richter das Beratungsgeheimnis zu brechen. Nur bei Wahrung strengster Anonymität hielt sie es am Ende dann doch für vertretbar, die folgenden Auszüge aus Texten, die sie schon selbst gelesen und für ihren Bericht über den Prozess ausgewertet hatte, juristisch interessierten Ringfreunden zur Kenntnis zu bringen. Entscheidend war die Überlegung, dass es keine Ringfirmen und Ringgemeinschaften mehr gab, alle an dem Verfahren irgendwie beteiligten Personen unbekannt, inzwischen längst verstorben und in Vergessenheit geraten waren und man auch nichts über Rechtsnachfolger wusste, denen an Geheimhaltung eventuell noch hätte gelegen sein können. Nichtjuristen warnte sie allerdings. Sie würden den Text wohl nicht besonders gut lesbar finden.

Zur Zeit des letzten Votums war vorgesehen, in einem bevorstehenden Gerichtstermin den Sachverständigen zwecks Ergänzung und Erläuterung seines schriftlichen Gutachtens mündlich zu hören. Beide Parteien hatten dies beantragt, um ihm Fragen zu stellen. Dabei sollte es nicht nur um den Beweis der Echtheit oder Unechtheit gehen. Denn das schriftliche Gutachten enthielt auch Bemerkungen über das Wettbewerbsverhalten der Parteien.

Ein Richter hatte zur Terminvorbereitung Folgendes notiert:

»Es steht nicht fest, ob der Rechtsstreit nach Anhörung des Sachverständigen zur abschließenden Entscheidung reif sein wird. Möglicherweise beantragt die eine oder andere Partei Einholung eines weiteren Gutachtens oder bezeichnet sogar den Sachverständigen als befangen. Dieser hat sich über die Ringe und den Wettbewerb der Ringfirmen sehr ausführlich und kritisch geäußert. Die Parteien haben das in diesem Ausmaß von einem Gutachter, der als Ringkundiger früher einmal selbst für ein einschlägiges Unternehmen tätig war, vielleicht nicht erwartet. Wer weiß, ob sie sich sonst mit der Beauftragung gerade dieses Sachverständigen einverstanden erklärt hätten.

Unter Umständen könnten sie jetzt aber auch daran interessiert sein, es nicht zu einem Urteil kommen zu lassen.

Wie sie inzwischen bemerkt haben müssen, spricht wenig dafür, dass eine Seite die Echtheit der eigenen Ringe und Unechtheit der Ringe der Gegenseite durch ergänzende Befragung des Sachverständigen oder selbst durch ein eventuell einzuholendes weiteres Gutachten beweisen kann.

Dagegen lassen sich bestimmte Verhaltensweisen, die mit einem gleichberechtigten und fairen Wettbewerb und darüber hinaus mit der Freiheit des Einzelnen zur Entscheidung für oder gegen ein bestimmtes Produkt unvereinbar sind, offenbar auf beiden Seiten feststellen. Sie können beiden Parteien auch dann durch Urteil verboten werden, wenn die Echtheitsfrage offenbleibt. Darüber ist im Einzelnen nach Abschluss der Beweisaufnahme zu beraten.

Die uns übermittelten Informationen über die sog. Familienringe haben keine entscheidungserhebliche Bedeutung. Es gibt keine greifbaren Anhaltspunkte dafür, dass die Ringe der Prozessparteien oder anderer Ringfirmen irgendwann in Anlehnung an die Familienringe entstanden sind. Für völlig unmöglich halte ich das trotz des anderslautenden Vortrags der Ringfirmen über die Herkunft ihrer Produkte allerdings nicht. Inzwischen kennt niemand mehr alle Nachkommen der ursprünglichen Erblasserin. Man kann nicht genau wissen, wie einzelne von ihnen im Laufe der Zeit mit ihren Ringen und der Ringtradition umgegangen sind.

Eine gerichtliche Entscheidung, die ein rechtswidriges Wettbewerbsverhalten feststellt und entsprechende Verbote ausspricht, ist vermutlich für die hinter den Prozessparteien stehenden großen Ringfirmen und Ringgemeinschaften, die in der Vergangenheit nie ein Gericht angerufen haben, aus Gründen des öffentlichen Ansehens nicht angenehm. Vielleicht deshalb haben die Parteien ungeachtet des Antrages auf Anhörung des Sachverständigen den Rechtsstreit in letzter Zeit eher lässig betrieben. Es ist wiederholt mit fadenscheiniger Begründung eine Terminverlegung beantragt worden.

Wir sollten mit den Parteien in dem bevorstehenden Termin noch einmal über eine gütliche Erledigung des Rechtsstreits sprechen und etwa Folgendes anregen:

Beide Seiten akzeptieren, dass bezüglich der Echtheit oder Unechtheit keine eindeutige gerichtliche Feststellung zugunsten der einen oder anderen Seite möglich ist.

Sie erkennen die Verbindlichkeit von Regeln für einen fairen und gleichberechtigten Wettbewerb an und verpflichten sich zu ihrer Einhaltung, damit aber auch zur Respektierung der unbeschränkten Freiheit jedes Menschen, einen bestimmten Ring zu wählen oder nicht zu wählen, einen bisher getragenen Ring abzulegen und einen anderen oder auch keinen zu tragen.

Die letztere ausdrückliche Verpflichtung ist nicht nur für den fairen Wettbewerb, sondern auch im Interesse der Anwender unbedingt notwendig. Wettbewerbsbeschränkungen, die sich gegen die Ringfreiheit der einzelnen Anwender richteten, sind rechtswidrig und schädlich. Es gilt im Prinzip nichts anderes als bei Wettbewerbsbeschränkungen, die sich in anderen Bereichen nachteilig für die Verbraucher oder Benutzer eines bestimmten Produkts auswirken. Niemand darf verfolgt, beleidigt, bedroht oder diskriminiert werden, weil er sich von einem bisher getragenen Ring bzw. einer Ringgemeinschaft trennt. Auch darf keine Ringgemeinschaft eine andere Gemeinschaft bzw. Träger anderer Ringe an der friedlichen und in den Grenzen der Fairness erfolgenden Werbung hindern. Kein durch die Ringfreiheit im obigen Sinne gedecktes Verhalten darf als Delikt gegen eine Ringgemeinschaft behandelt werden und zu irgendwelchen strafrechtlichen oder zivilrechtlichen Sanktionen führen.

Es ist klar, dass die Chancen einer derartigen Erledigung des Rechtsstreits nicht gut sind. Die Ringfirmen bzw. Ringgemeinschaften müssten ja auf ihre im öffentlichen Leben beanspruchte und an vielen Orten tatsächlich ausgeübte Macht weitgehend verzichten.«

Zusatz eines Kollegen:

»Ich würde mich sehr wundern, wenn ein solcher Vergleichsvorschlag angenommen würde.

Die als respektabel geltenden Ringfirmen und Ringgemeinschaften betonen oft genug ihre Gemeinsamkeiten, ihren Friedenswillen und ihre Gesprächsbereitschaft. Sie bestätigen sich gern gegenseitig, dass die meisten Ringträger durch ihre Ringe darin bestärkt werden, sich rechtstreu, friedliebend und tolerant zu verhalten.

Aber ihre Fähigkeit zur Selbstkritik und ihre Bereitschaft, daraus Konsequenzen zu ziehen, sind nun einmal nicht sehr ausgeprägt. Sie sind regelmäßig mehr daran interessiert, eigene Positionen zu verteidigen, sich selbst als Opfer darzustellen und Kritik – gleichgültig, woher sie kommt – abzuwehren bzw. gar nicht erst zuzulassen. Einigkeit wird zuweilen demonstriert, wenn es um Verurteilung der Auffassungen und des Verhaltens Außenstehender und gelegentlich auch solcher Personen geht, die als Ringträger offensichtliche Verbrechen begangen haben.

Wir sollten mit den Parteien erörtern, welche Bedenken aus rechtlicher Sicht gegen den bisherigen ungeregelten und in mancher Hinsicht beiderseits unfairen Wettbewerb bestehen. Ihnen könnte dann allerdings einfallen, dass sie auch die Möglichkeit haben, das Verfahren einfach durch beiderseitige Zurücknahme von Klage und Widerklage zu beenden. Sie würden sich nicht in der Sache vergleichen, aber ein Urteil mit Konsequenzen vermeiden, an denen beide Seiten wahrscheinlich nicht interessiert sind. Die großen Ringfirmen und Ringgemeinschaften werden sich höchst ungern von Gerichten in ihr Verhalten hineinreden lassen, mit dem sie nicht nur um Marktanteile, sondern auch um Einfluss im öffentlichen Leben kämpfen. Vielleicht bedauern sie inzwischen, dass ihre Niederlassungen in unserem Bezirk erstmals den Rechtsweg beschritten haben.«

www.ingramcontent.com/pod-product-compliance
Lightning Source LLC
Chambersburg PA
CBHW031445210526
45464CB00005B/2341